VTOPO

DROME

OLIVIER DE SMET
JEAN-MARC BRANCART

www.vtopo.fr

REMERCIEMENTS

Pour concevoir ces circuits, nous avons imaginé, repéré, déniché et parcouru des centaines de kilomètres à VTT. Pour les rédiger, nous avons également passé des centaines d'heures derrière nos écrans et au téléphone. Mais nous n'aurions jamais pu arriver à un tel résultat sans leurs aides :

- Merci au Service Sports de Nature du Conseil Départemental de la Drôme pour leur précieuse aide technique et leur disponibilité.

- Merci à Lionel PASCALE (ADT 26) pour la fourniture de visuels de grande qualité.

- Merci à TOUS les membres des différents clubs et comités de cyclisme et de cyclotourisme d'avoir imaginé la majeure partie des itinéraires de ce VTOPO VTT Drôme.

- Merci à ceux qui sont chargés de l'entretien de ces sentiers.

- Merci aux intercommunalités, qui sont en charge de la pérennisation et de l'entretien de ces sentiers et grâce à qui la pratique sportive est possible.

Nous tenons également à vous remercier, vous, lecteurs et pratiquants qui avez acquis ce topoguide, de nous faire confiance pour la pertinence et la qualité des ouvrages que nous vous proposons.

Dépôt légal : août 2017
ISBN 978-2-37571-007-4
Achevé d'imprimer en juillet 2017
Collection dirigée et créée par Cédric TASSAN

Crédit Photos

Lionel Pascale ADT 26 : 10, 17, 19, 30, 36, 44, 47, 49, 50, 55, 56, 59, 76, 80, 85, 91, 97, 98, 121, 122, 133, 135, 137, 139, 144, 152, 156, 167, 173
Guillaume Bonnel : 87
Musée de la Soie : 93
Les Tontons Riders : 113
Jean-Alain Morigny : 127
Patrick Freze : 137

PEFC 10-31-1895

PRÉSENTATION

La Drôme est un département où toutes les activités « Pleine Nature » peuvent être réalisées. En matière de VTT, il y en a pour tous les goûts. Territoire aux multiples facettes, la Drôme vous enchantera par ses paysages tous aussi singuliers les uns que les autres. Hormis quelques itinéraires où la mention «portage» est mentionnée dans les résumés (notamment pour le public VTTAE), la pratique du VTT est à la portée de tous, des premiers tours de roues du débutant absolu au pratiquant beaucoup plus aguerri et expérimenté. Bien sûr, quelques «spots» demandent un bagage technique minimum. Mais sur la très grande majorité du territoire, il est possible de se faire plaisir et encore plus maintenant avec l'avènement du VTT à assistance électrique. Vous n'aurez donc plus d'excuses pour venir randonner sur ce département aux multiples contrastes. C'est «Juste la Drôme» !

Ce VTOPO VTT Drôme, nous l'avons conçu, grâce au concours du Service Sport de nature du Conseil Départemental de la Drôme. Une mise en avant des itinéraires labellisés par les différentes fédérations (FFC et FFCT) a été voulue afin de valoriser le travail effectué depuis de nombreuses années par les territoires en lien avec les comités et clubs VTT locaux. D'autres itinéraires sont le fruit de notre «imagination», tout en respectant les conventions de passage. Soyez néanmoins respectueux des sentiers et des propriétés traversées. Il en va du devenir du VTT, en tant que loisir sportif.

Donc, que vous soyez drômois ou touriste (sportif ou non), vous avez maintenant en votre possession un topoguide qui vous donnera l'occasion de vérifier : «La Drôme : plus on la découvre, plus on l'aime.»

N°	Nom du circuit	Km	D+/D-	Durée	VTOPO	Page
	DRÔME DES COLLINES					
1	Les condamines	13	500	2h00	V2+	34
2	Col de la Sambie	11	450	2h00	V2+	35
3	Forêt de Mantaille	17	260	2h00	V3+	36
4	Bancel - Galaure	42	600	3h30	V3+	38
5	Saint Genix	16	750	2h30	V4	40
6	Pierre Chauve	17	650	2h30	V4	41
7	Puy de Serves	27	850	3h30	V4	42
8	Les collines de sable	32	550	3h30	V4	44
9	Les balcons de l'Hermitage	20	650	2h30	V4+	46
	ROYANS - VERCORS					
10	Sous Frochet	7	250	1h00	V1+	50
11	Petite ronde des hameaux	8	100	1h00	V1+	52
12	La plaine d'Herbouilly	9	150	1h00	V1+	53
13	Col de Chironne	36	900	4h30	V2	54
14	Les gorges du Chaillard	11	200	1h30	V2+	56
15	Pelouse de Bournette	18	400	2h00	V3	58
16	Plateau d'Ambel	22	850	3h00	V3+	59
17	Pas de l'Allier	17	620	2h15	V4	60
	DIOIS - VALLÉE DE LA DRÔME					
18	La valette	9	130	1h15	V2	64
19	Chaudière	28	800	3h30	V2	65
20	Balcon de la Drôme	37	1000	4h30	V2	66
21	La cabane rouge	8	150	1h00	V2+	68
22	Bergu	14	400	2h00	V2+	70
23	Les Peyrouses	10	300	1h30	V2+	72
24	Serre Peyplat	18	650	3h00	V2+	73
25	Chapiat	23	650	3h00	V2+	74
26	Tour de Mallivert	14	400	2h00	V3	76
27	Le cirque d'Archiane	20	900	3h00	V3	78
28	Le Tour des Ruelles	28	1000	3h30	V3	80
29	Tour du mont Roti	12	150	1h30	V3+	82
30	Carabès	40	1300	5h00	V3+	84
31	Saoû le Muletier	17	500	3h00	V4	86
32	Val Brian	24	400	3h00	V4	88
33	La chapelle des Sadoux	32	1050	3h30	V4	90
	DRÔME PROVENÇALE					
34	Les chemins de la soie	11	130	1h30	V1+	94
35	Châteauneuf-de-Mazenc	12	230	1h30	V2-	96
36	D'un bourg à l'autre	13	220	1h30	V2	98
37	Lavandes et rabasses	19	240	2h00	V2	100
38	Le Val des Nymphes	28	400	3h00	V2+	102
39	La forêt de Marsanne	24	750	3h00	V2+	104
40	La croisée des chemins	32	400	3h00	V2+	106
41	La fontaine de Charroux	26	900	3h00	V3	108
42	Les traces des huguenots	33	850	4h00	V3	110
43	Collines de Valdaine	44	900	5h00	V3	112
44	Un panorama de montagnes	22	620	2h45	V3+	114
45	L'Adret de la Lionne	19	1100	3h30	V4-	116

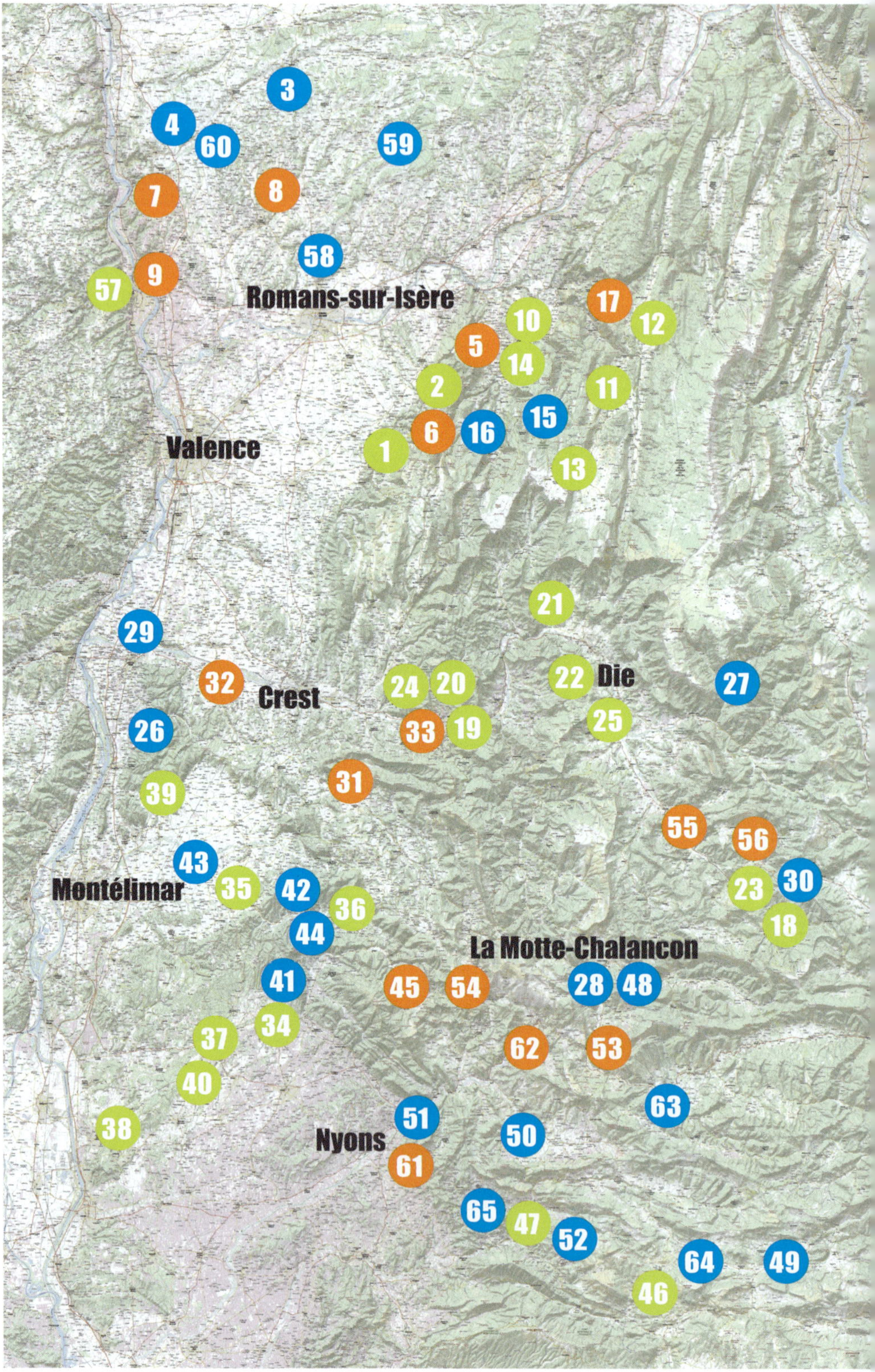
Romans-sur-Isère
Valence
Crest
Die
Montélimar
La Motte-Chalancon
Nyons
3
4
60
59
7
8
58
57
9
17
10
12
5
14
2
11
15
6
16
1
13
21
29
32
24
20
22
27
33
19
25
26
31
39
55
56
43
30
35
42
36
23
18
44
41
45
54
28
48
37
34
62
53
40
63
38
51
50
61
65
47
52
64
49
46

STATION DE RECHARGE
BOSCH
eBike PowerStation
les Villages SPORT passion
Les plus belles étapes pour vos séjours sportifs
Réservez votre séjour sportif en groupe à partir de 10 personnes !
Nos séjours avec hébergements labellisés « villages sport passion » situés dans les plus beaux endroits de France, avec un univers de services dédiés à la pratique optimale de votre passion !
ufolep
ancv
CHÈQUE-VACANCES
VTOPO
Découvrir & Télécharger
TOUT TERRAIN
ufolep
www.villages-sport-passion.com
Contact : 04 91 29 79 41 • contact@villages-sport-passion.com

EXPAND YOUR FLOW*
#uphillflow
Vivez de grandes aventures
L'Uphill Flow modifie votre façon de penser et de faire du vélo. Vous vous surprendrez à envisager des itinéraires et montées qu'on aurait jamais pu prendre avec un vélo normal. Avec la gamme Performance Line CX, vous entrez dans une nouvelle dimension.
Bosch eBike Systems
bosch-ebike.fr
BOSCH
Des technologies pour la vie
*Gagnez en fluidité

N°	Accès au point de départ des parcours
1	Saint-Vincent-la-Commanderie : parking du foyer.
2	Avant Rochefort-Samson : parking du camping Combe d'Oyans.
3	Centre d'Hauterives : parking du Palais Idéal du facteur Cheval.
4	Saint-Martin des Rosiers : Centre ville.
5	Sur la D125 avant Rochefort-Samson : parking du camping Combe d'Oyans.
6	Traverser le village de Barbières en direction du col de Touniol : parking à gauche juste après le village.
7	Au centre du village de Ponsas : sur le parking officiel au niveau du panneau de VTT.
8	Depuis Saint-Donat, prendre 500 m la D67 vers l'Est : se garer sur le parking officiel.
9	Tain-l'Hermitage : parking du parc du Chayla.
10	Saint-Jean-en-Royans : plusieurs parkings autour de l'église.
11	La Chapelle-en-Vercors : Centre ville.
12	Avant le col de Chalimont : parking sur la D221 au foyer de ski de fond.
13	Vassieux-en-Vercors : parking au niveau de l'église.
14	Saint-Jean-en-Royans : plusieurs places autour de l'église.
15	Au village de Lente : se garer le long de la D76.
16	Col de la Bataille : se garer au foyer de ski de l'Echaillon.
17	Saint-Martin-en-Vercors : Le parking au centre.
18	Valdrôme : parking de l'aire de camping-car.
19	Saillans : parking de l'église.
20	Saillans : parking de l'église.
21	Marignac-en-Diois : avant le village, parking officiel dans le virage.
22	Die : grand parking à la sortie vers Luc-en-Diois.
23	Valdrôme : parking de l'aire de camping-car.
24	Saillans : parking de l'église.
25	Die : parking à la sortie vers Luc-en-Diois.
26	En bas du village de Mirmande : parking de l'église.
27	Au village de Menée : petit parking du centre.
28	La Motte-Chalancon : Parking principal.
29	Au village de Livron : parking du champ de Mars.
30	Valdrôme : parking de l'aire de camping-car.
31	Parking à l'entrée du village obligatoire.
32	Grâne : Centre ville.
33	Saillans : parking de l'église.
34	Taulignan : Parking de la salle polyvalente
35	La Bégude-de-Mazenc : parking de l'Office de Tourisme.
36	Dieulefit : Place de l'ancienne gare.
37	Grignan : Parking de la salle des fêtes.
38	Saint-Paul-Trois-Châteaux : Parking de l'office de tourisme.
39	Marsanne : Parking de la Mairie.
40	Chamaret : centre-village.
41	Taulignan : parking principal.
42	Le Poët-Laval (Vieux-Village) : Parking principal.
43	Puygiron : Parking à l'entrée du village.
44	Dieulefit : Place de l'ancienne gare.
45	Teyssières : Parking de l'Auberge de Miélandre.
46	Montbrun-les-Bains : parking près de l'Office de tourisme.
47	Buis-les-Baronnies : Place du Quinconce.
48	Cornillon-sur-l'Oule : parking centre village, proche de la mairie
49	Lachau : Place de la Mairie.
50	Sainte-Jalle : Parking proche de la Mairie.
51	Nyons : Parking de l'office de tourisme.
52	Buis-les-Baronnies : Place du Quinconce.

COMME LE CREW VTOPO
CHOISISSEZ FORD
VTOPO
RANGER
BÉNÉFICIEZ DE CONDITIONS
PRIVILÉGIÉES AVEC CE VTOPO
CONTACT : XAVIER - 06 24 16 05 57
Ford
VTOPO
GROUPE MAURIN

53	Rémuzat : Parking Centre-Village.
54	Saint-Ferréol-Trente-Pas : Parking Centre du village.
55	Après Luc-en-diois partir vers le col de Cabre. Se garer 2 km après le village, au Claps.
56	Rejoindre Valdrôme par la D306. À Valdrôme le parking est à droite un peu à l'écart du village, avec l'aire de camping-car.
57	Tain-l'Hermitage : parking du parc du Chayla.
58	Peyrins : Rond-point Z.A des Escoffiers.
59	Montrigaud : Centre-Village.
60	Albon : Hameau de Saint-Martin des Rosiers.
61	Nyons : Parking de l'office de tourisme.
62	Villeperdix : Place de la mairie.
63	Rosans : Centre-Village.
64	Séderon : Centre-village.
65	Buis-les-Baronnies : Place du Quinconce.

Cartouche contenant la distance, le dénivelé, l'horaire ainsi que la difficulté technique

Numéro et nom du circuit

Présentation du circuit

Rappel de la difficulté technique

Description détaillée du circuit présenté. Les accès au départ du parcours sont rassemblés en page 8

Secteur / Massif

3. FORÊT DE MANTAILLE

V3+

Distance **17 KM** D+/D- **260 M**
Durée **2H00** Difficulté **V3+**

Après avoir longé la Galaure vous rejoindrez le village de Lens-Lestang et son église. Le retour se fait par le plateau de la forêt de Mantaille avant de redescendre sur Hauterives. Une boucle courte ayant l'avantage d'être efficace et reposante.

Site FFC n°76 Drôme des Collines, balisage n°5

Itinéraire

(300 m) Du parking, rejoindre la rive gauche en traversant le pont. Remonter rive gauche au bout du parking afin de trouver le sentier tracé jaune. Continuer sur la piste et la route en suivant le tracé jaune. Sur la gauche on aperçoit un passage à gué avec un pont. Traverser et rejoindre la D51.

(1 : 343 m - 3,8 km) Continuer en face sur le chemin de Courrion. Au bout du goudron, continuer à gauche de la maison sur le chemin. En haut poursuivre à gauche sur la route.

(2 : 443 m - 5,2 km) Au carrefour de Pain Blanc, partir plein Nord à gauche sur la piste - tracé jaune. Au bout du champ emprunter la branche de gauche et descendre jusqu'à la route.

(3 : 310 m - 7,5 km) Au goudron, prendre à droite vers le village. Après 100 m, se diriger sur la ruelle à gauche et rejoindre l'église. Au niveau de l'église, continuer vers l'Ouest.

(4 : 310 m - 8 km) Remonter à gauche le chemin de Bourgeat et continuer vers l'Ouest jusqu'à la Massonne.

(5 : 311 m - 11,3 km) Au carrefour de la Massonne prendre à gauche vers les cinq Croisées. Suivre le tracé bleu/orange pour atteindre la forêt de Mantaille – la piste est abimée mais des sections de single contournent les difficultés. En haut de la forêt au niveau du panneau de randonnée, continuer à gauche sur le tracé bleu/orange. Ensuite suivre à droite le tracé blanc/rouge qui descend à Hauterives.

DRÔME DES COLLINES

12

A LIRE AVANT DE PARTIR

Points intermédiaires de la carte que l'on retrouve dans le texte sous la forme (2 : 443 m - 5,2 km) par exemple.
2 : indique le numéro du point intermédiaire
443 m : précise l'altitude à laquelle se trouve ce point
5,2 km : donne la distance du point par rapport au point de départ

…int de départ de la randonnée matérialisé par un rond

Le Palais Idéal du Facteur Cheval à Hauterives

LA RÉGION

Le patrimoine naturel, monumental, architectural et archéologique du département se caractérise par une diversité importante : la Drôme des Collines au Nord, les vallées de la Drôme et du Rhône, le Diois à la faune très riche, le Royans-Vercors et son paysage de montagne, enfin, la Drôme Provençale au climat et à la végétation méditerranéens.

La protection de la biodiversité et la gestion de l'activité humaine ont tout naturellement poussé les institutions départementales drômoises à contribuer à la création des deux Parcs naturels régionaux sur ce territoire, l'un dans le Vercors et l'autre dans les Baronnies provençales.

LE DÉCOUPAGE

DRÔME DES COLLINES : Secrète et discrète, elle vous charmera par la rondeur et la douceur de ses paysages. Son terroir viticole est réputé et ses immenses forêts sont singulières.

ROYANS-VERCORS : Les paysages sont verdoyant et les rivières sont accueillantes. Le Vercors, lui, s'impose tel une muraille d'à-pic. Entouré de sommets élancés, les gorges sont spectaculaires.

DIOIS - VALLÉE DE LA DRÔME : la rivière Drôme, l'une des dernières qui soit sauvage en Europe, a entaillé ce territoire. Cette vallée a modelé, nourri, fortifié et inspiré cette région.

DRÔME PROVENÇALE : la Drôme Provençale revendique ses racines et ses traditions méditerranéennes. Pays de soleil et de bien-être, elle charme aussi bien le touriste que la personne qui y habite en permanence.

BARONNIES PROVENÇALES : Sous-secteur de la Drôme Provençale mais avec ses propres caractéristiques. Paysage de vallées, de falaises et de montagnes, avec son propre micro-climat. La douceur de vivre y est omniprésente.

GRANDS TOURS : 3 itinéraires différents de randonnées, de 2 à 5 jours, à travers les plus beaux paysages de la Drôme. Chacun d'eux sur un territoire différent, pour une envie d'évasion en tout temps.

LES CIRCUITS VTOPO ET LA RÉGION

Les itinéraires proposés dans ce VTOPO VTT Drôme ont été sélectionnés pour le patrimoine rencontré, les paysages ou l'intérêt sportif et technique des sentiers. Ainsi, chaque zone a fait l'objet de longues heures de repérage et tous les circuits proposés ont été parcourus en intégralité, avec ou sans assistance électrique. Cela permet d'évaluer la réelle difficulté technique que vous pourrez rencontrer sur les chemins parcourus. Les notions de poussage et de portage sont à prendre en compte avant le choix du circuit que vous comptez faire.

Dans tous les cas, il faudra toujours prévoir d'emporter avec soi le matériel de réparation nécessaire (magasins de vélo peu nombreux, sauf en zone urbanisée), une lampe (frontale de préférence) et de quoi se protéger du vent ou de la pluie. La baisse de température et les changements climatiques peuvent en surprendre plus d'un. En traversant les villages, vous pourrez admirer des lieux chargés d'histoire. Prenez le temps de vous y attarder et arrêtez vous aux «Bistrots de Pays», un accueil chaleureux vous sera réservé.

Les itinéraires empruntés sont le plus souvent partagés : randonneurs pédestres, cavaliers, chasseurs, propriétaires, agriculteurs, forestiers, véhicules motorisés, autres vttistes... Maîtrisez toujours votre vitesse et laissez passer les personnes que vous rencontrez, soyez particulièrement avenant. La courtoisie est logiquement une attitude normale ! Au fil de vos sorties, vous croiserez peut-être des troupeaux et des animaux sauvages. Ne les stressez pas, sachez descendre de vélo. Refermez bien les clôtures. D'une manière générale, ne sortez jamais. Evitez les dérapages et ne coupez jamais les épingles car cela détruit les sentiers.

LES SITES FFC

73 Crestois Pays de Saillans Cœur de Drôme - 20 circuits – 430km d'itinéraires
Situé au cœur de la Vallée de la Drôme, le site offre des parcours entre plaine et montagne. Forêts de pins, méandres de la rivière Drôme, vignes de la célèbre Clairette de Die, venez découvrir une mosaïque de paysages dans un environnement resté sauvage.
Renseignements : Office de tourisme Cœur de Drôme – Pays de Crest et de Saillans : Crest - 04.75.21.51.05 / Saillans - 04.75.76.79.65 / http://valleedeladrome-tourisme.com

76 Drôme des Collines - 22 circuits – 597km d'itinéraires
La Drôme des Collines, bénéficie d'un emplacement privilégié, à seulement 45mn de Lyon et Grenoble. C'est un véritable terrain de jeu pour la pratique du VTT, dans un espace vallonné riche d'une multitude de sentiers.
Renseignements : Porte de DrômArdèche Tourisme – 04.75.23.45.33
www.dromardeche.fr
Hermitage Tournonais Herbasse Tourisme – 04.75.08.10.23 – www.ht-tourisme.com
Valence Romans Tourisme – 04.75.44.90.40 – www.valence-romans-tourisme.com

218 Val de Drôme - 17 circuits – 236km d'itinéraires
Le site du Val de Drôme s'étend du Rhône jusqu'aux premières montagnes du Diois, en passant par le majestueux synclinal perché de la forêt de Saoû. Il y en a pour tous les goûts : de la balade en famille au parcours sportif pour vététistes aguerris !
Renseignements : Office de tourisme du Val de Drôme : Mirmande – 04.75.63.10.88 / Livron – 04.75.61.66.93 / Saoû – 04.75.76.01.72 / http://valleedeladrome-tourisme.com

219 Val d'Eygues Pays de Nyons - 15 circuits – 291km d'itinéraires
Sous le soleil de la Drôme provençale, entre oliviers et lavande, venez découvrir les senteurs et les couleurs du sud sur les différents itinéraires du site du Val d'Eygues. Trois points de départ permettent d'accéder à l'ensemble de l'offre du site.
Renseignements : Office de tourisme des Baronnies en Drôme Provençale à Nyons – 04.75.26.10.35 - www.baronnies-drome-provencale.com

230 Pays Diois - 29 circuits – 686km d'itinéraires
Territoire encore discret mais déjà reconnu par les amateurs de VTT et de sensations fortes. Le site offre des conditions optimales pour la pratique du VTT avec une grande variété d'itinéraire.
Renseignements : Office de Tourisme du Pays Diois – 04.75.22.03.03
www.diois-tourisme.com

Tour de la Haute Vallée de la Drôme
Site n°230 Pays Diois, balisé n°35. De Luc-en-Diois à Valdrôme, cet itinéraire vous emmènera aux confins du Diois, à la découverte des sources de la rivière Drôme et de ses paysages de moyennes montagnes, propice à la pratique des sports de nature en tout genre.

Tour de pays de la Drôme des Collines
Site n°76 Drôme des Colline, balisé en rouge sur le terrain. Le relief doux et les difficultés techniques abordables de ce tour de pays permettent à chacun de trouver son bonheur. Le circuit vous fera découvrir la Drôme des Collines, entre Rhône, Isère et piémonts sud du Vercors, sur des chemins variés et ludiques.

LES BASES FFCT

Baronnies en Drôme provençale - 15 circuits – 235km d'itinéraires
Situé dans les Baronnies Provençales, la base propose des itinéraires dans un environnement qui a su garder son authenticité. Profitez de la douceur de vivre sur ce terroir privilégié mêlant olives, huiles et plantes aromatiques.
Renseignements : Office de tourisme des Baronnies en Drôme Provençale à Buis-les-Baronnies – 04.75.28.04.59 www.baronnies-drome-provencale.com

Royans-Vercors - 28 circuits – 420km d'itinéraires
À la rencontre des Alpes du Nord et du Sud, bénéficiant des influences climatiques montagnarde, océanique et méditerranéenne, le Royans-Vercors offre une richesse exceptionnelle tant au niveau de ses reliefs que de la faune et de la flore, qu'il est bon de découvrir à VTT.
Renseignements : Office de tourisme Vercors-Drôme – 04.75.48.22.54
www.vercors-drome.com

Pays de Rémuzat - 8 circuits – 150km d'itinéraires
Entre Alpes et Provence, le Pays de Rémuzat est un lieu de prédilection pour la pratique du VTT. Vous découvrirez des paysages séduisants tout au long de vos itinéraires avec des contrastes de couleurs changeant au fil des saisons.
Renseignements : Office de tourisme des Baronnies en Drôme Provençale à Rémuzat - 04.75.27.85.71 - www.baronnies-drome-provencale.com

Pays de Dieulefit-Bourdeaux - 12 circuits – 252km d'itinéraires
Situé au cœur de la Drôme Provençale et non loin du Vercors, dans un décor de campagne et de moyenne montagne, le Pays de Dieulefit offre un cadre de vie préservé ; riche de ses paysage, ses villages pittoresques et de ses produits locaux.
Renseignements : Office de Tourisme du Pays de Dieulefit – 04.75.46.42.49
www.paysdedieulefit.eu

Pays de Grignan (création en 2017) - 12 circuits – 292km d'itinéraires
La base du Pays de Grignan, créée en 2017, vous fera découvrir les paysages emblématiques de la Drôme provençale : village perchés, lavande à perte de vue et, en toile de fond, les 1ers sommets des Préalpes à l'est et les Monts d'Ardèche à l'ouest.
Renseignements : Office de Tourisme Cœur de Drôme provençale – Pays de Grignan – 04.75.46.56.75 - www.tourisme-paysdegrignan.com

Tricastin (création en 2017) - 13 circuits – 303km d'itinéraires
Dernière née des bases FFCT du Département, la base du Tricastin offre un panel de circuits pour tous les goûts. Profitez du climat méditerranéen de la région, aux hiver doux qui permettent une pratique du VTT à l'année.
Renseignements : Office de Tourisme du Tricastin – 04.75.95.59.60
www.office-tourisme-tricastin.com

Tour des Baronnies en Drôme provençale
Cet itinéraire, 1er tour de pays labellisé par la Fédération Française de Cyclotourisme, permet de relier les bases des Baronnies, de Rémuzat, de Dieulefit et le site du Val d'Eygues. Profitez des magnifiques sentiers qui se prêtent si bien à la pratique du VTT tout au long de l'année. Les étapes peuvent être ajustées, en fonction envies et au gré des découvertes, car la région offre une multitude d'hébergements pour vous accueillir.

P.N.R. DU VERCORS

Créé en 1970, le Parc naturel régional du Vercors est l'un des 51 parcs naturels régionaux de France. Situé en Région Auvergne Rhône-Alpes, ce territoire de moyenne montagne s'étend sur un vaste massif de 206 000 ha entre Isère et Drôme et culmine dans la Drôme au Rocher Rond (2453 m). Il comprend 84 communes réparties dans huit régions naturelles : le Piémont nord, les Quatre-Montagnes, les Coulmes, le Vercors drômois, le Royans, le Diois, le Trièves, la Gervanne.

Le Vercors surgit des profondeurs de l'océan il y a 23 millions d'années. Citadelle de calcaire urgonien, les grands traits qui le constituent sont indissolublement liés à une aventure géologique qui fonde les grandes lignes de son paysage rassemblant falaises imposantes, gorges, plateaux et des grottes célèbres comme celle de Choranche ou le gouffre Berger. Un paradis pour les grimpeurs et spéléologues !

Les traces d'une histoire millénaire sont visibles : sites préhistoriques, patrimoine religieux, hauts lieux camisards de Résistance lors de la seconde guerre mondiale… A partir de 1850, l'ouverture des routes dites « de désenclavement » facilitent les échanges entre les hautes terres et la plaine, et façonne l'une des pépites de ce territoire : les routes à encorbellement, celles des grands et des petits goulets, les gorges du Nan, celles de la Bourne…

Situé à la transition entre Alpes du Nord et Alpes du Sud, le Vercors est soumis à la triple influence climatique de l'altitude, des précipitations océaniques et des régimes méditerranéens. Il accueille une faune et une flore d'une diversité et d'une richesse exceptionnelles. On recense pas moins de 1 800 espèces végétales dont 80 espèces protégées, 140 espèces d'oiseaux nicheurs, 4 espèces de vautours, 33 espèces de chiroptères et 65 mammifères différents.
Avec ses 3 000 kilomètres d'itinéraires balisés, le Parc naturel régional du Vercors invite à découvrir ses magnifiques paysages à pied, à dos d'âne, à cheval, en VTT, à vélo, ou en pratiquant d'autres sports de nature tels que : canoë, kayak, escalade, spéléo… Certifié au titre de la Charte européenne du tourisme durable dans les espaces protégés, le Parc du Vercors engage des actions de qualité pour l'accueil d'un tourisme respectueux de l'environnement.

Le Vercors est aussi une terre de savoir-faire. Plusieurs labels nationaux ou européens (AOP) consacrent la haute valeur des produits des fermes du Vercors, en relation notamment avec les modalités d'élevage, les espaces utilisés et les races traditionnelles élevées. La grande diversité des sols et des climats permet aux agriculteurs de proposer des productions, des pratiques et des savoir-faire riches et diversifiés. Il y a la viande incomparable de l'agneau et du bœuf, les fameuses truites du Vercors, les fromages parfumés du Bleu du Vercors-Sassenage, du Picodon, du Saint Marcellin fermier et de la raclette, la noix de Grenoble, le miel, les ravioles du Royans, la Clairette de Die, les vins de Châtillon-en-Diois, les plantes aromatiques et la lavande…

Le coeur sauvage du Parc du Vercors est la Réserve naturelle nationale des Hauts-Plateaux du Vercors créée en 1985, c'est un espace remarquable, protégé et réglementé. C'est la plus grande Réserve terrestre de France métropolitaine, avec 17 000 hectares, elle représente 10 % du territoire du Parc du Vercors et occupe la partie la plus élevée et la plus sauvage du massif entre 1 050 et 2 341 mètres d'altitude au sommet du Grand Veymont. Un immense espace de forêts et d'alpages, royaume des pins à crochets, des orchidées et des espèces fragiles, parfois réintroduites comme notamment le gypaète barbu, le vautour fauve, le bouquetin des Alpes ou

la marmotte. Aucune route ne la traverse, aucun village n'y est implanté, les seules activités sont le pastoralisme, l'exploitation forestière et la randonnée sur des sentiers volontairement non balisés.
La mission première de la Réserve est la protection de la biodiversité. Celle-ci est assurée, entre autres, par la présence permanente d'une équipe de gardes effectuant le suivi de la flore et de la faune. Ils ont également un rôle pédagogique et éducatif, puisqu'ils renseignent les visiteurs, leur expliquent les objectifs de la règlementation et le cas échéant font valoir leur mission de police. Bénéficiant d'une situation géographique particulière et d'une grande biodiversité, la Réserve remplit également une véritable fonction de laboratoire scientifique dans lequel de nombreuses opérations sont menées : inventaires et études d'espèces végétales ou animales, observatoire climatique, impacts de la fréquentation touristique sur les milieux.

La Maison du Parc accueille les visiteurs tout au long de l'année et l'informe sur les patrimoines, les activités de loisirs ou encore sur la réglementation qui s'exerce dans les sites réglementés. Deux régies directes du Parc du Vercors, le Musée de la préhistoire et le Mémorial de la Résistance situés à Vassieux-en-Vercors, proposent aux visiteurs de remonter le temps.

POUR PLUS D'INFO :
Parc naturel régional du Vercors
255, chemin des Fusillés - 38250 Lans-en-Vercors - 04 76 94 38 26
info@pnr-vercors.fr
www.parc-du-vercors.fr
www.facebook.com/ParcduVercors
http://rando.parc-du-vercors.fr

P.N.R. DES BARONNIES PROVENÇALES

51e et dernier né des Parcs français, le Parc naturel régional des Baronnies provençales se situe aux confins de deux grandes régions, Auvergne Rhône-Alpes et Provence-Alpes-Côte d'Azur, sur le département de la Drôme, et sur les départements de la Drôme et des Hautes-Alpes. Situé entre la plaine du Rhône à l'ouest et la vallée de la Durance à l'est, le bassin versant de la Drôme au nord, le Mont Ventoux et la montagne de Lure au sud, il est structuré par les vallées de l'Eygues, de l'Ennuyée, de l'Ouvèze, de la Méouge et du Toulourenc. Il se partage entre la clémence des températures provençales et la rudesse fraiche des reliefs alpins.

A la différence des plissements du massif du Vercors, essentiellement orientés nord-sud, et des grandes barres des montagnes de Lure et du Ventoux, orientées est-ouest, le massif des Baronnies croise ces orientations et présente une grande complexité de structure très propice à la randonnée. Il héberge plus de 149 sites d'habitats naturels, environ 2000 espèces végétales et plus de 200 espèces animales protégées au niveau national ou régional.

C'est grâce aux hommes et aux femmes qui vivent dans ces montagnes que celles-ci présentent un équilibre vertueux entre couverture forestière, surfaces cultivées et alpages. Dans ce pays escarpé de montagnes sèches, l'agriculture n'a eu d'autre choix que de se développer à flanc de versants, sur de petites surfaces, dessinant une véritable mosaïque agricole. Vergers d'oliviers en terrasses, plantations d'abricotiers et de pommiers, prairies de fauche, champs de lavandes et de céréales sont autant de cultures propices au développement d'une économie locale.

Cette agriculture de qualité, couplée à l'élevage de petits troupeaux ovins et caprins, forme le socle de l'économie des Baronnies provençales et façonne le visage de ce territoire rural. Aujourd'hui secondée par un tourisme durable, l'agriculture se tourne davantage vers une valorisation des productions locales. Terre gourmande par nature, les produits du terroir sont une part de l'identité des Baronnies provençales. Les ambassadeurs de la gastronomie locale sont les vins, l'olive et l'huile d'olive de Nyons (la Tanche), la pomme, le tilleul, le picodon, l'abricot, la cerise, l'agneau, la lavande, les herbes de Provence…

On doit par ailleurs à cette activité paysanne de longue date, d'avoir entretenu un véritable réseau de chemins et de sentiers permettant les liaisons entre cultures, villages et bergeries des différentes vallées. Aujourd'hui moins utilisés par nécessité que pour le loisir, ces sentiers de crêtes et chemins de traverse retrouvent un nouveau souffle avec le développement de la randonnée et font des Baronnies provençales une terre de référence pour l'itinérance sous toutes ses formes ! Entre champs de lavande, vergers, marnes et éboulis calcaires, le Parc naturel régional des Baronnies provençales recèle une grande variété de parcours : marcheurs, vététistes et cavaliers s'aventurent sur ce vaste réseau de sentiers, de difficultés variées, entretenus mais gardant toujours une touche sauvage.

Le relief vallonné crée la diversité et le charme des itinéraires. Les cyclistes sur route en profiteront pour s'entrainer avant d'aller se mesurer au Mont-Ventoux, voisin du massif. De nombreux professionnels proposent un encadrement et de multiples activités allant de la promenade découverte à la randonnée itinérante.
Avec près de 1 500 voies équipées et les deux sites phares de renommée internationale que sont Orpierre et Buis-les-Baronnies, l'escalade figure parmi les activités sportives les plus prisées dans les Baronnies provençales. Le Parc offre une grande diversité de falaises dont les aménagements de tous niveaux permettent à chacun de se mesurer à la verticalité.

Les montagnes des Baronnies provençales se découvrent aussi depuis les airs par la pratique du vol libre. Une des meilleures aérologies de France, qui fait le bonheur des parapentistes toute l'année, explique la présence de nombreuses aires de décollage dédiées à cette activité. Situé en bordure des Gorges de la Méouge, le site de Laragne-Chabre est connu mondialement pour ses courants thermiques exceptionnels. Loin des grandes agglomérations, le ciel nocturne des Baronnies provençales conserve une profondeur et une grande netteté. Les nombreux points de vue situés en hauteur portent sur un très large horizon et offrent des belvédères d'observation astronomique, avec un ciel nocturne dépourvu de pollution lumineuse, dont la noirceur est comparable à celle du Chili. Dans les « réserves » de ciel noir des Baronnies provençales, la Voie lactée est partout présente et vous incite même à la randonnée nocturne.

POUR PLUS D'INFO :

Parc naturel régional des Baronnies provençales
45, Chemin des Randonneurs
26 510 SAHUNE
04 75 26 79 05
smbp@baronnies-provencales.fr
www.baronnies-provencales.fr
www.facebook.com/baronnies.provencales
www.cheminsdesparcs.fr

DONNÉES TECHNIQUES

DISTANCE

Mesurée dans la plupart des cas grâce à un système GPS informatique. Cette méthode est à apprécier avec une précision de +/- 5%.

D+/D-

Calculé sur la base uniquement du dénivelé positif, c'est à dire celui effectué à la montée. Pour des circuits comportant plusieurs remontées, le dénivelé donné est celui de la somme de toutes les montées. Le dénivelé négatif sera mentionné uniquement pour des itinéraires purement "descentes" ou des traversées, c'est-à-dire avec des points de départ et d'arrivée différents. Dans ce dernier cas, il sera mentionné par exemple 550/850 signifiant 550 m de dénivelé positif et 850 m de dénivelé négatif.

DURÉE

Estimée en ne comptabilisant que le temps de roulage. En quelque sorte, c'est le temps qu'indiquerait un compteur. Les pauses, d'aucune forme que ce soit, ne sont pas prises en compte. Il faut considérer la durée comme le temps minimum nécessaire pour effectuer les itinéraires. En effet, les pauses repas, photos, les recherches d'itinéraires, les arrêts tout court peuvent considérablement augmenter le temps de présence sur le terrain, jusqu'à doubler la durée indiquée.
Bien entendu, selon la difficulté de l'itinéraire, la durée n'est pas estimée de la même façon. Sur un itinéraire montagneux, on se basera plutôt sur la vitesse ascensionnelle (250 m/h à 350 m/h pour un circuit côté V1, V2 ou V3 et 450 m/h minimum pour un circuit V3 ou plus). La vitesse de descente varie selon la technicité du tracé.
Pour un circuit avec peu de dénivelé, on se basera pour l'ensemble du tracé sur la vitesse linéaire (10 km/h pour un circuit V1, V2, ou V3 - 16 km/h pour un circuit V4 ou plus). Par conséquent la durée de l'itinéraire est à considérer avec recul, étant donné qu'elle est purement subjective. Elle donne une idée du temps passé sur le terrain.

DIFFICULTÉ

La difficulté est définie uniquement selon la difficulté technique du circuit. Cette notion, bien entendu, tient compte des parties descendantes et éventuellement plates. Les montées ne sont pas évaluées.

L'ÉCHELLE VTOPO

Divisée en 6 catégories de V1 à V6, elle évalue uniquement la difficulté à rester sur le vélo à la descente ou sur le plat. Un vététiste descendant du vélo, dans les passages les plus durs d'un itinéraire coté V4, ne pourra pas prétendre à un niveau technique V4.
Enfin pour comprendre l'échelle VTOPO, il faut définir les mots suivants :
- Piste : voie large (>3 m) et carrossable empruntée par tous types de véhicules forestiers même les plus gros. On les appelle aussi DFCI ou chemins de feu.
- Chemin : voie plus étroite (entre 2 m et 3 m) et parfois plus pentue que la piste, empruntée uniquement par les véhicules légers 4x4.
- Sentier : voie étroite adaptée aux piétons qui doivent la plupart du temps évoluer en file indienne.

Voici donc l'échelle VTOPO :

Échelle VTOPO	*Difficultés techniques rencontrées*
V1	Descentes uniquement sur pistes roulantes à inclinaison faible à modérée (maxi 10%). Le revêtement est généralement bien stabilisé. Idéal pour les enfants et les débutants.
V2	- Descentes roulantes sur pistes ou chemins plus raides, plus caillouteux (maxi 25%). - Sentiers faciles (uniquement recouverts de terre avec une inclinaison faible).
V3	- Descentes sur sentiers caillouteux (possibilité de passages raides) demandant une pratique régulière du VTT. Possibilité de rencontrer des marches (30 à 40 cm maxi), des épingles. - Pistes ou chemins raides et caillouteux (au delà de 25% - passage derrière la selle nécessaire généralement).
V4	Sentiers ou chemins techniques avec de nombreuses marches parfois hautes (>40 cm), des passages exposés, raides à très raides, des épingles, des dalles, du "trial" facile. D'une manière générale, les descentes de cette catégorie sont soutenues.
V5	Descentes comportant de nombreux passages engagés et raides avec obstacles. Sauts à envisager parfois, franchissements, marches hautes (1 m), trial exigeant, zones techniques au bord du vide. À ce niveau de difficulté, le matériel de descente est fortement recommandé.
V6	Passages très engagés avec sauts obligatoires, road gap, trial très exigeant... La catégorie V6 est à réserver à l'élite du VTT. Enchaîner un passage V6 implique une prise de risque importante pouvant avoir des conséquences dramatiques en cas de chute.

ITINÉRAIRE

La description de l'itinéraire se base sur des repères trouvés sur le terrain mais peut aussi s'appuyer sur des éléments des cartes locales au 1/25 000. Toutes les indications de direction sont données dans le sens de la progression. Lorsque l'information est intéressante, les balises rencontrées sont indiquées. Il faudra distinguer les balises PR ("Petites Randonnées"), de couleur jaune et les GR ("Grandes Randonnées"), balisés en rouge et blanc. On trouvera toutefois des balises locales, des balises VTT, et même des panneaux indicateurs. Pour aider le randonneur à se repérer, le circuit est tracé sur un fond IGN 1/50 000 à échelle représentée variable. Les appellations GR, GR de Pays, PR sont des marques déposées par la Fédération Française de Randonnée Pédestre.

INFOS PRATIQUES

SECOURS
112 ou 18

MÉTÉO
www.meteofrance.com ou par téléphone 3250

TENUE VESTIMENTAIRE
La tenue à prévoir est l'ensemble classique d'un vététiste : vêtements respirants, veste de pluie en secours et gants constituent le minimum. Le casque est indispensable. Il sera nécessaire d'ajuster cette liste en fonction de la fraîcheur et des précipitations annoncées.
En complément, n'oubliez pas vos lunettes : prenez en compte le rayonnement UV plus intense en montagne mais dans tous les cas elles vous protégeront des projections et des insectes.

MATÉRIEL ET SÉCURITÉ
Prenez une quantité suffisante d'eau (1,5 L minimum), de la nourriture, une carte et le téléphone portable. Côté matériel technique, partez en autonomie totale : crever ou casser une chaîne à 20 km de la voiture peut vite devenir synonyme de belle galère ! Pour les longues sorties (itinérances notamment), emportez : chambre à air, pompe, un outil multi-clef, une patte de dérailleur, un dérive-chaîne, des colliers de serrage en plastique, des maillons rapides et même un dérailleur de rechange. Ne vous chargez pas trop mais essayez de pouvoir subvenir aux plus nombreux cas de pannes possibles. Optimisation !
Le choix du sac à dos se révélera décisif. Plus léger pour les parcours peu engagés il devra tout de même contenir tout le matériel précédemment cité en plus des protections sur les longs parcours. Enfin, si vous partez seul, informez toujours un tiers de votre parcours.

TRAVAUX EN FORET, TROUPEAUX ET CHIENS DE PROTECTION
La forêt est vivante, elle est régulièrement entretenue et exploitée par des gestionnaires et propriétaires. Respectez bien les signalétiques qui indiquent des travaux forestiers.
Les troupeaux de moutons sont protégés de l'attaque des prédateurs (chiens, lynx et loups) par des chiens de protection comme les patous.
A leur approche, arrêtez-vous le temps qu'ils vous identifient, restez calme, ne les menacez pas et ne les caressez pas.
A VTT ou à cheval, descendez de votre monture et contourner le troupeau. Pour la sécurité de tous, n'emmenez pas votre animal de compagnie dans les zones pastorales.

APPLICATION SMARTPHONE
Retrouvez tous les itinéraires VTOPO dans notre application disponible sur iOS, Androïd et Windows Mobile (recherche : VTOPO). En complément de ce VTOPO, notre application permet d'accéder aux fonds de cartes IGN hors réseau, d'enregistrer sa trace, de consulter tous les parcours VTOPO et bien d'autres choses encore.

MISE À JOUR DES CIRCUITS ET INFORMATIONS DIVERSES
www.vtopo.fr

LES SPORTS NATURE

UNE QUESTION DE BON SENS

Avant de partir...

- Je regarde la météo
- Je choisis une activité adaptée à mon niveau
- Je me renseigne sur les conditions d'accès au site
- J'ai un équipement adapté à ma pratique, de l'eau et des vivres
- J'informe mon entourage de ma sortie et évite de partir seul(e)

Sur le terrain...

- Je respecte la nature, ne fais pas de feu et emporte mes déchets
- Je reste sur les sentiers balisés pour ne pas dégrader le paysage et respecter les propriétés privées
- Je respecte le travail des agriculteurs, je referme les barrières
- Je partage l'espace avec les autres usagers en toute courtoisie
- Je tiens mon chien en laisse et ne l'emmène pas si je dois traverser des parcs de pâturage

SURICATE
SIGNALER UN PROBLÈME
sentinelles.sportsdenature.fr

SURICATE, TOUS SENTINELLES DES SPORTS DE NATURE

Soyez acteur de la qualité de vos sites de pratiques ! SURICATE vous permet de nous signaler les problèmes que vous pouvez rencontrer lors de vos activités sportives et de loisirs de nature.
Une erreur de balisage, un panneau défectueux, un problème de pollution, un besoin de sécurisation, un conflit avec un propriétaire ou d'autres pratiquants... Remplissez le formulaire, localisez le problème et cliquez sur envoyer. Votre signalement sera traité par les fédérations sportives de nature et les conseils départementaux en lien avec le pôle ressources national des sports de nature du ministère des sports.

ATTENTION : pour des problèmes urgents nécessitant une intervention rapide des services de secours ou des autorités utilisez les numéros d'urgence (15, 17, 18, 112).

sentinelles.sportsdenature.fr/

– LA DRÔME – LE DÉPARTEMENT

AVERTISSEMENTS

LES CIRCUITS

Établis grâce à de nombreuses heures de repérages, les circuits ne sont pas intemporels. Les montagnes, les sentiers, les pistes changent. Le plan d'occupation des sols a lui aussi tendance à se modifier ; une zone ouverte à la circulation lors des repérages, peut se trouver interdite peu de temps après. Sachez adapter votre circuit aux contraintes rencontrées. Partez toujours avec la carte locale correspondante et sachez rebrousser chemin. Ces circuits ne sont que des idées de randonnées. C'est pourquoi, vous devrez, avant de partir, vous renseigner auprès des mairies, et consulter le cadastre pour connaître les parties privatives que vous n'aurez pas le droit de traverser. Il en est de même pour les sentiers fermés par arrêté municipal ou préfectoral.

LE GUIDE

Malgré de nombreuses relectures attentives, des erreurs se sont certainement glissées. Lorsque vous rencontrez une contradiction entre le guide et le terrain, privilégiez votre lecture du terrain. N'oubliez pas que les fonds de cartes inclus dans ce guide, ne remplacent jamais la carte locale au 1/25 000 quant à sa précision.

LA FRÉQUENTATION

On ne le répétera jamais assez, le VTT peut être très dangereux en cas de collision avec un autre usager. Soyez très prudents, notamment sur les petits sentiers où la visibilité est très réduite. Maîtrisez toujours votre vitesse et laissez passer les personnes que vous rencontrez. Méfiance aussi sur les pistes, à la descente. La vitesse peut engendrer des projections de cailloux à des hauteurs importantes, pouvant provoquer de très graves blessures à ceux que vous croisez. Encore une fois, ralentissez. Respectez également les périodes de chasse et les panneaux lors des battues.
Enfin, soyez attentif lorsque vous traversez une route. Aussi, lorsque vous progressez sur route, respectez le code de la route et pédalez en file indienne si vous êtes à plusieurs.

En aucun cas, les auteurs et l'éditeur ne seraient être tenus responsables de problèmes ou d'accidents rencontrés sur les circuits cités dans ce guide.

IMPORTANT

La pratique du VTT reste un sport dangereux dont la chute peut avoir des conséquences fatales. Nous vous conseillons toujours de partir avec un encadrement professionnel. Les idées de parcours proposés restent uniquement des idées et non des tracés balisés et entrenus par VTOPO. Pour réaliser ces idées de parcours, VTOPO s'appuie sur une équipe de rédacteurs issue de la zone géographique. Ces derniers recensent les pistes, chemins, sentiers empruntés couramment par les vététistes. Même si certains tracés sont moins connus que d'autres, il n'en reste pas moins que VTOPO n'est pas à l'initiative de la création et de l'entretien de ces chemins. Sur le terrain, vous ne trouverez aucun balisage lié aux éditions VTOPO. Étant donné qu'en France la majorité du domaine forestier est privé, tous ces circuits passent dans des propriétés privées. VTOPO n'a pas signé de convention avec les propriétaires. Étant donné que ce sont des idées de randonnées, il est de votre devoir de demander l'autorisation pour traverser une propriété privée. Sachez aussi qu'il est interdit de se trouver hors des sentiers et que vous devez respecter le code de la route ainsi que les autres usagers.

L'application VTOPO

Laissez-vous guider

DONNÉES IGN

VERCORS – SPORT – NATURE
Quartier la faïence
26220 DIEULEFIT
Tel : 05.75.96.64.12

HORAIRES ET JOURS D'OUVERTURE :
En hiver, du mardi au samedi de 9h à 12h30 et de 14h30 à 19h.

EN JUILLET ET AOUT :
TOUS LES JOURS DE 9H A 12H30 ET DE 15H A 19H30 du lundi au dimanche (fermeture le dimanche après-midi)

COURSES - TESTS - ANIMATIONS - RANDOS
ROC D'AZUR
FRÉJUS
octobre
INSCRIPTIONS SUR
ASOCHALLENGES.COM
CANYON
ROC
THE BEST OF MTBIKING
@RocMTB

DRÔME DES COLLINES

La Drôme des Collines a ceci de particulier, elle est pleine de contrastes. Tantôt pays de coteaux réputés, tantôt pays où les vergers sont innombrables, tantôt territoire où les forêts sont immenses, cette région est difficile à identifier en un seul mot. On y retrouve des paysages vallonnés, une nature préservée et de nombreuses rivières. Les points de vue permettront d'observer la chaine alpine, le Vercors mais aussi les Monts d'Ardèche et le Pilat ainsi que le Massif Central.

1. LES CONDAMINES

V2+

Distance **13 KM** D+/D- **500 M**
Durée **2H00** Difficulté **V2+**

Une jolie boucle sans difficulté simplement pour le plaisir d'être dehors et de rouler dans ces jolis paysages. L'endroit est sauvage et calme. Le passage au Champ des Pins justifie à lui seul le circuit, l'endroit est vraiment spécial et propice à la contemplation.

Site FFC n°76 Drôme des Collines, balisage n°18

Itinéraire

(376 m) Depuis le carrefour central, rejoindre l'église. Continuer sur la rue des Rosiers. À la sortie du village prendre la branche de gauche et suivre le chemin du Moulin. Poursuivre en face sur la piste qui monte vers les Baumettes. Continuer plus calmement sur la piste jusqu'au Champ des Pins. Suivre la crête jusqu'au Soufflot.

(1 : 804 m - 4,8 km) Partir alors à droite vers Saint-Pierre. Au milieu de la descente, au niveau d'un carrefour en croix, prendre la branche de gauche qui part vers le Sud.

(2 : 640 m - 6,6 km) En bas on rejoint une belle piste. Continuer à gauche vers Peyrus. Au niveau des champs, longer ceux-ci par la gauche jusqu'au carrefour central – tracé orange/bleu. Prendre à droite la route qui traverse les champs. Poursuivre à gauche la descente jusqu'au carrefour du Forage.

(3 : 528 m - 8,3 km) Prendre alors le sentier à gauche qui monte en direction de Toutes Aures. Suivre cette direction en restant à gauche jusqu'en bas.

(4 : 401 m - 11 km) Rejoindre la D119A, poursuivre quasiment en face sur un chemin herbeux. Au goudron, poursuivre à droite pour rejoindre le village de Saint-Vincent-la-Commanderie.

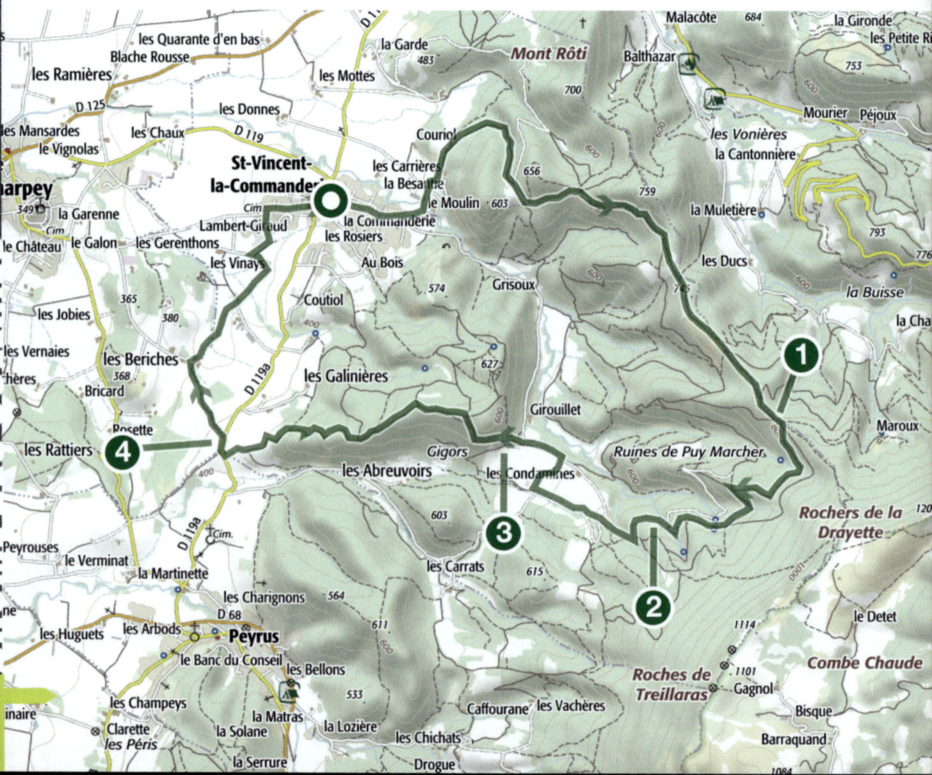

2. COL DE LA SAMBIE

V2+

Distance **11 KM** D+/D- **450 M**
Durée **2H00** Difficulté **V2+**

Après la petite montée au col surplombant les gorges de Combe d'Oyans, vous emprunterez deux jolies sections de single. Une bien roulante pour monter au col de la Sambie et une autre portion ludique en balcon avant de rejoindre Barbières.

Site FFC n°76 Drôme des Collines, balisage n°20

Itinéraire

(370 m) Du parking, prendre la piste qui longe la rivière en restant rive droite. 100 m avant la maison, au premier virage, prendre à droite le sentier balisé aune qui monte raide. Rejoindre le plateau et partir à gauche sur la piste. Aller encore à gauche pour traverser les Ducs puis continuer sur cette route pour rejoindre le col des Gorges de Combe d'Oyans.

(1 : 529 m - 1,7 km) 50 m après le col, prendre à droite vers Barbières en suivant le balisage jaune/rouge jusqu'au col de la Sambie. Le single monte mais reste très roulant.

(2 : 670 m - 4 km) Du col, descendre et passer la maison aux volets bleus. Continuer la descente sur 500 m et partir à droite pour garder le balisage jaune/rouge. Petite remontée sur 15 m avant d'entamer une superbe section de single en balcon.

(3 : 434 m - 6 km) À la route, partir à droite pour traverser Barbières. Passer l'église et continuer sur la route de droite – balisage jaune. Suivre le PR balisé jaune pour rejoindre un sentier surplombant les champs. En rejoignant la D125, partir à droite vers Rochefort-Samson. Juste après le panneau d'entrée dans le village, s'engager à droite sur la rue des Fontaines.

(4 : 374 m - 9,5 km) Remonter la route de la Montagne et partir sur la première piste à droite. Au goudron, partir à gauche pour rejoindre les Ducs. Retrouver le parking de départ par l'itinéraire emprunté en début de parcours.

Info circuit : *La boucle n'est pas très longue et peut se combiner avec celle de Saint-Genix (balisage n°21, décrit en p.40). Le circuit devient bien plus conséquent et il faut compter 3H30 pour le grand parcours. La quantité et la qualité des singles devient alors particulièrement intéressant.*

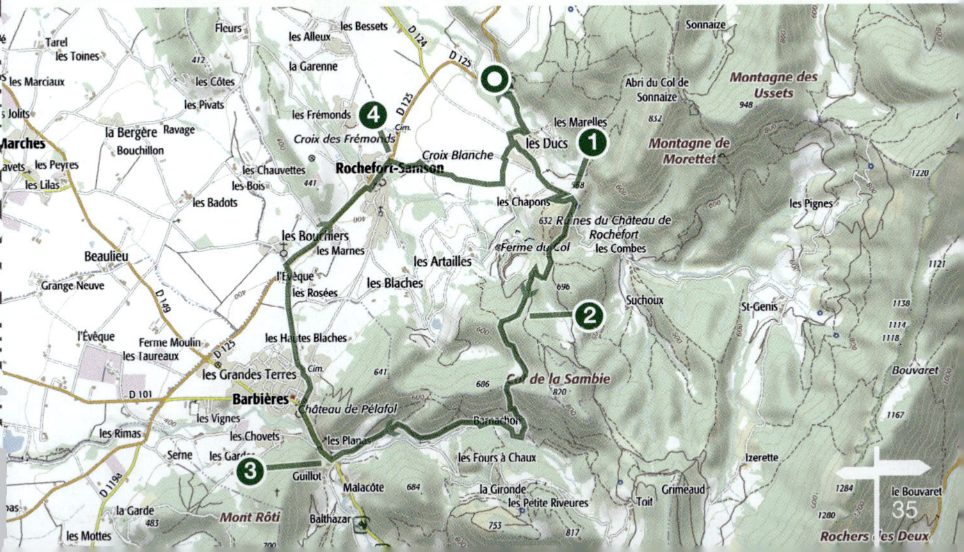

3. FORÊT DE MANTAILLE

V3+

Distance	**17 KM**	D+/D-	**260 M**
Durée	**2H00**	Difficulté	**V3+**

Après avoir longé la Galaure vous rejoindrez le village de Lens-Lestang et son église. Le retour se fait par le plateau de la forêt de Mantaille avant de redescendre sur Hauterives. Une boucle courte ayant l'avantage d'être efficace et reposante.

Site FFC n°76 Drôme des Collines, balisage n°5

Itinéraire

(300 m) Du parking, rejoindre la rive gauche en traversant le pont. Remonter rive gauche au bout du parking afin de trouver le sentier tracé jaune. Continuer sur la piste et la route en suivant le tracé jaune. Sur la gauche on aperçoit un passage à gué avec un pont. Traverser et rejoindre la D51.

(1 : 343 m - 3,8 km) Continuer en face sur le chemin de Courrion. Au bout du goudron, continuer à gauche de la maison sur le chemin. En haut poursuivre à gauche sur la route.

(2 : 443 m - 5,2 km) Au carrefour de Pain Blanc, partir plein Nord à gauche sur la piste - tracé jaune. Au bout du champ emprunter la branche de gauche et descendre jusqu'à la route.

(3 : 310 m - 7,5 km) Au goudron, prendre à droite vers le village. Après 100 m, se diriger sur la ruelle à gauche et rejoindre l'église. Au niveau de l'église, continuer vers l'Ouest.

(4 : 310 m - 8 km) Remonter à gauche le chemin de Bourgeat et continuer vers l'Ouest jusqu'à la Massonne.

(5 : 311 m - 11,3 km) Au carrefour de la Massonne prendre à gauche vers les cinq Croisées. Suivre le tracé bleu/orange pour atteindre la forêt de Mantaille – la piste est abimée mais des sections de single contournent les difficultés. En haut de la forêt au niveau du panneau de randonnée, continuer à gauche sur le tracé bleu/orange. Ensuite suivre à droite le tracé blanc/rouge qui descend à Hauterives.

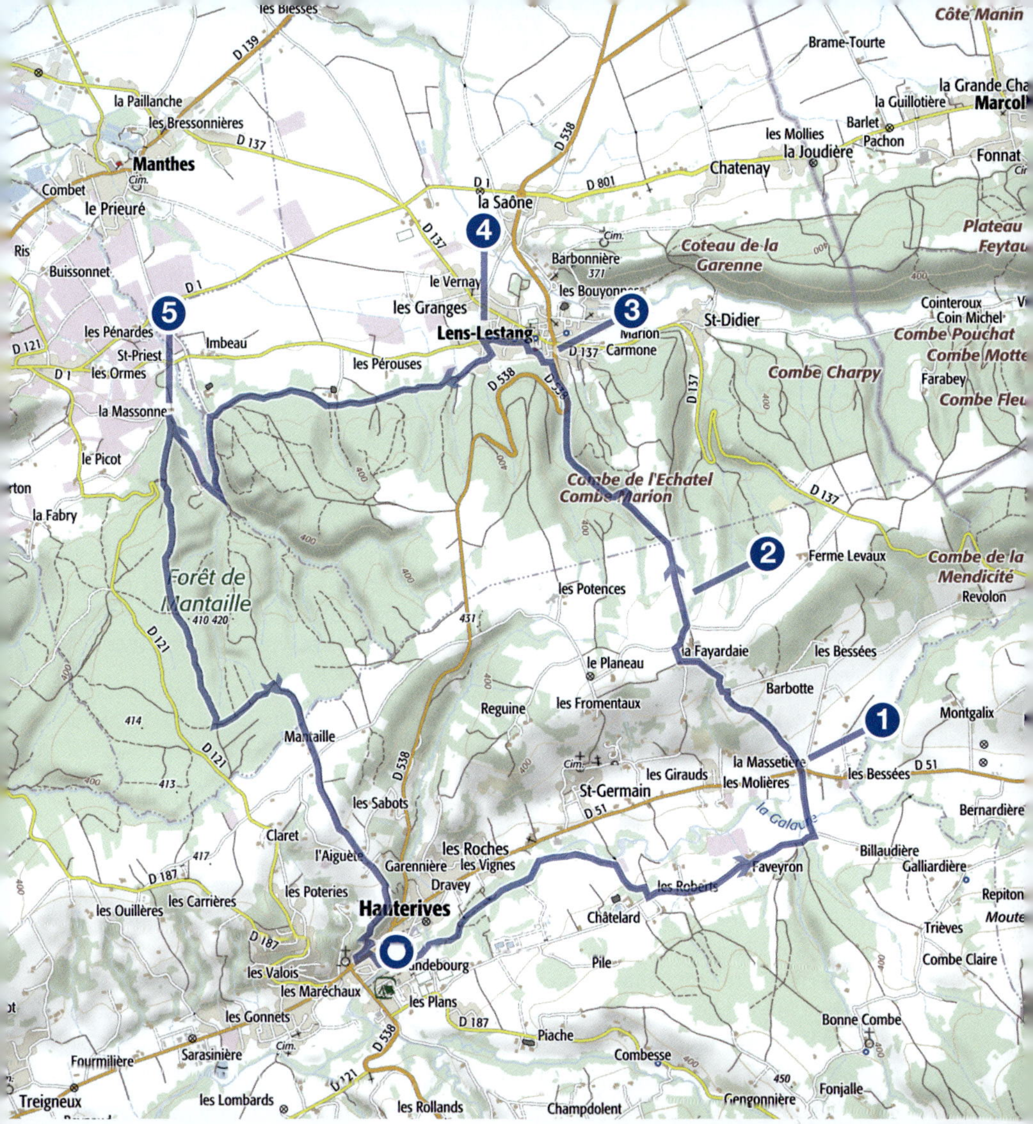

Le Palais Idéal du Facteur Cheval à Hauterives

4. BANCEL - GALAURE

V3+

Distance **42 KM** D+/D- **600 M**
Durée **3H30** Difficulté **V3+**

De nombreux sentiers cocasses et ludiques longent la Galaure pour vous mener jusqu'à la Tour d'Albon. Le point de vue surplombe le Rhône et le village d'Albon. Une dernière descente forcément trop courte vous mènera au point de départ avec le sourire.

Site FFC n°76 Drôme des Collines, balisage n°9

Itinéraire

(186 m) Depuis les courts de tennis, partir au sud sur le chemin du stade. Prendre à gauche sur la D132 puis la première piste à droite, il y a deux branches. Partir sur celle de gauche plus horizontale. Continuer sur la branche de gauche vers la combe de Ponteux et rejoindre Prat. Garder la piste et passer le hameau. Après Verinne, partir à gauche et ensuite sur la première piste de droite. Au goudron, prendre à droite, puis à gauche sur 50 m. Quitter le goudron en poursuivant en face sur la piste à travers champ. Descendre sur la gauche jusqu'à la route.

(1 : 326 m - 5,5 km) Continuer à droite sur le goudron et prendre la première piste de gauche longeant les arbres. Passer Ladra et rejoindre à droite Fay-le-Clos. Traverser le village en passant devant l'église. Avant le pont, prendre à gauche le chemin qui longe la clôture de la maison. Poursuivre à droite sur la D161 sur 500 m. Tourner alors à droite sur la petite route qui longe le cimetière. Partir dans la forêt à gauche et rejoindre la rivière. Remonter en face et rejoindre une piste. Emprunter 200 m la route vers l'Ouest et continuer sur la piste vers les Moux. Ne pas rater à droite la bifurcation au niveau de la coupe de bois. On rejoint le fond de la Grande Combe. Descendre le sentier au fond de la combe jusqu'à la D51.

(2 : 193 m - 11,5 km) Poursuivre en face puis à gauche au premier carrefour. Continuer toujours vers l'Est et trouver la piste qui s'engouffre dans la forêt. Continuer vers l'Est au prochain carrefour et 100 m après partir à droite sur le single. Emprunter la piste de droite pour passer sous la ligne TGV. Continuer le single qui suit et longe la Galaure. Rejoindre la piste et poursuivre en face au carrefour suivant. Au niveau de la maison, prendre à droite et juste après le virage à gauche sur la piste qui remonter la Galaure rive droite. Continuer vers l'Est sur ce single et ensuite sur la piste. Passer devant la station d'épuration et rejoindre la D51 au niveau de Châteauneuf. Poursuivre en face sur la rue des Chênes. Au bout de la rue, prendre à droite. Continuer toujours tout droit jusqu'à s'engager sur le chemin du coteau.

(3 : 378 m - 22,5 km) Rejoindre Combe Meurier et remonter à gauche l'impasse. 50 m plus loin prendre à droite sur la piste. Continuer cette piste jusqu'au carrefour avec une croix. Prendre à droite sur la route. En entrant dans la forêt partir à gauche et continuer sur ce sentier pour finalement remonter à la route des Charmilles. Prendre à droite, puis à gauche. Quitter le goudron en s'engageant sur la piste vers le Nord qui descend à la Barre. Prendre alors à gauche et repasser sous la ligne TGV. Poursuivre à droite, puis à gauche et à nouveau à droite. Traverser la D53 et poursuivre en face. Au carrefour, partir à gauche sur la piste au milieu des champs. Prendre la seconde piste à gauche puis la première à droite pour continuer sur le chemin des

Simards. Rejoindre le château du Cros.

(4 : 245 m - 34 km) Prendre vers le Sud, puis à droite et à gauche afin de rejoindre le chemin de la Faite. Continuer sur cette piste vers l'Ouest. Passer le col de Barbe Bleue et prendre la branche de droite au carrefour en Y. Continuer toujours tout droit jusqu'à l'antenne. Aller à gauche et rejoindre la Tour d'Albon. Engager une jolie descente jusqu'à rejoindre la route très proche du point de départ. Rejoindre le parking de départ à gauche.

5. SAINT GENIX

V4

Distance **16 KM** D+/D- **750 M**
Durée **2H30** Difficulté **V4**

Des sentiers fort agréables vous emmènent du Rocher des deux Soeurs jusqu'au col des Tourniers. La section de poussage pour rejoindre Combe Rebin est un peu pénible mais permet d'atteindre efficacement le haut de la crête d'où démarre un circuit tout en single. Un très beau tour.

Site FFC n°76 Drôme des Collines, balisage n°21

Itinéraire

(370 m) Du parking, prendre la piste qui longe la rivière rive droite. 100 m avant la maison, au premier virage, prendre à droite le sentier tracé jaune qui monte raide. Rejoindre le plateau et partir à gauche sur la piste. Aller encore à gauche pour traverser les Ducs. Continuer sur cette route pour rejoindre le col des Gorges de Combe d'Oyans. Descendre la route jusqu'à passer les Combes.

(1 : 460 m - 2,8 km) Partir alors à droite sur un sentier raide. Durant une demi-heure le sentier remonte la crête en nécessitant de pousser le vélo sur de nombreuses sections. Arrivé en haut on rejoint un carrefour.

(2 : 780 m - 4,7 km) Descendre à gauche le large chemin pour rejoindre le fond du vallon. Prendre alors à droite le sentier qui monte jusqu'à la clairière. Ne pas descendre dans le champ mais poursuivre en face – départ de sentier peu marqué. Continuer à monter jusqu'au carrefour de Courbières. Descendre alors à gauche sur le sentier en direction du col des Tourniers.

(3 : 670 m - 8,6 km) On arrive dans une prairie. Prendre alors à droite la piste un peu raide. Aux fontaines de Pourcelle, quitter la piste et descendre sur le single à gauche vers le col des Tourniers.

(4 : 745 m - 10,5 km) Arrivé au col des Tourniers, descendre à gauche sur le sentier qui s'engage dans la forêt. Poursuivre ce single jusqu'à rejoindre les Combes. Revenir alors sur ses pas pour retrouver le parking de départ.

6. PIERRE CHAUVE

V4

Distance **17 KM** D+/D- **650 M**
Durée **2H30** Difficulté **V4**

Ce circuit sous le col de Tourniol emprunte quelques sections difficiles qui rendent la montée physique. À partir du champ des Pins, le circuit est moins austère, plus plaisant et bien roulant.

Site FFC n°76 Drôme des Collines, balisage n°16

Itinéraire

(434 m) Commencer le circuit en partant sur le chemin des 40 fonds en face du parking. Poursuivre paisiblement sur cette route jusqu'à son terminus au niveau d'une maison. Continuer alors sur la piste caillouteuse qui démarre à droite de la maison – Cette portion de chemin est souvent humide et compliquée à rouler.

(1 : 774 m - 6 km) À la route, rejoindre le champ en face et monter sur le chemin de droite. Suivre ce chemin encore une fois difficile en poussant le vélo de temps en temps. On rejoint à nouveau la route, descendre alors à droite jusqu'à la première épingle.

(2 : 900 m - 8 km) Prendre à gauche dans l'épingle sur le tracé jaune. Suivre ce tracé jaune à chaque prochain carrefour. Ainsi on rejoint le point 3 au niveau du champ des Pins.

(3 : 750 m - 12 km) Partir alors à droite sur la piste vers Barbières en restant versant Sud. Aux Baumettes, garder la direction de Barbières sur la piste de droite.

(4 : 470 m - 16 km) Au carrefour partir à droite, sur le chemin des Buissonnats, pour rejoindre Barbières et le point de départ.

7. PUY DE SERVES

V4

Distance	**27 KM**	D+/D-	**850 M**
Durée	**3H30**	Difficulté	**V4**

Le parcours offre un bon profil cross-country avec plusieurs remontées courtes et rapides. Toujours au calme, le tracé oscille entre les plateaux et le fond de la vallée proche du Rhône. Le circuit permet de découvrir le défilé de Saint-Vallier qui surplombe le Rhône.

Site FFC n°76 Drôme des Collines, balisage n°13

Itinéraire

(132 m) Démarrer le circuit en remontant la route vers Rochegude. Poursuivre sur la piste qui suit jusqu'à rejoindre le haut du plateau. Continuer à gauche sur la route jusqu'au premier carrefour après le hameau des Forêts. Descendre à droite sur le chemin de la Rochette. Juste avant la maison, prendre à droite et rejoindre le fond du vallon. Longer la voie ferrée et trouver le ruisseau de Combs. Remonter à gauche vers le château de Serves. À mi-montée, prendre à droite le single – tracé jaune.

(1 : 326 m - 6,5 km) Continuer la montée en empruntant la route. Au premier carrefour prendre à gauche. Au suivant, au niveau des Médée, prendre à droite la piste qui part en longeant le verger. Descendre plein sud pour rejoindre la D630.

(2 : 160 m - 8,8 km) Prendre à gauche la D630. Juste avant le pont, partir sur la piste qui remonte la rive droite du ruisseau de la Rionne. Au lieu-dit la Mistrale, partir à droite sur la route vers le Belvédère. Rejoindre le haut de la colline et rester sur le tracé jaune/rouge qui vous ramène à la route. Continuer jusqu'au carrefour en croix.

(3 : 350 m - 13,5 km) Prendre à gauche sur la route. Au carrefour suivant remonter à gauche le chemin des Fruitiers. Au carrefour de Bijoin, prendre à droite le sentier tracé jaune/rouge vers Saint-Barthelemy. En bas du vallon, au carrefour des Fosses, continuer à droite le chemin vers Saint-Barthelemy.

(4 : 320 m - 17,5 km) Au goudron, partir à gauche. 300 m plus loin poursuivre sur la piste à droite en face de la maison. Rejoindre le site de moto-cross. Se diriger à gauche pour descendre le vallon par la route jusqu'à son premier virage en angle droit. 150 m après ce virage, remonter à droite sur le tracé jaune/rouge jusqu'à la route. Continuer à gauche pour descendre et rejoindre la D500.

(5 : 255 m - 21,5 km) Au Stop poursuivre en face sur la route. Se diriger sur la seconde piste à gauche. Rejoindre le hameau et descendre en restant constamment sur la section de gauche. Rester sur la route de Saint-Victor jusqu'à entamer la descente. Dans la première épingle, continuer à gauche sur le chemin de l'hacienda jusqu'aux maisons de Minodier. Prendre alors le sentier à droite avant les maisons afin de rejoindre les hauteurs de Ponsas. Descendre la montée des Romanets jusqu'à Ponsas.

8. LES COLLINES DE SABLE

V4

Distance **32 KM** D+/D- **500 M**
Durée **3H30** Difficulté **V4**

De Saint-Donat à Claveyson le circuit emprunte de jolis sentiers autour de la combe d'Oternaud. La suite parcourt les hauteurs de Saint-Avit et offre de multiples points de vue.

Site FFC n°76 Drôme des Collines, balisage n°12

Itinéraire

(216 m) Depuis le parking de l'espace VTT, partir rive droite sur le chemin d'Oternaud. Quitter la piste principale pour prendre à droite vers les Baties. En haut, continuer vers le Nord sur la route jusqu'au carrefour de Balayer. Prendre à gauche puis à droite vers la combe du Loup. Après un joli tracé dans le lit de la rivière, au carrefour de combe Oternaud, prendre à droite vers le bois de Sizay.

(1 : 268 m - 5 km) À la route, poursuivre en face vers la combe de Sizay. Au carrefour de combe de Sisay, prendre à droite jusqu'au lieu-dit du gros Chêne. Prendre alors à droite et poursuivre en traversant Champ Guinot.

(2 : 370 m - 8,7 km) Rejoindre le chemin de Saint-Donat et prendre à gauche plein Nord. Continuer 300 m puis prendre à gauche la route de Saint-Avit. Remonter jusqu'en haut du hameau et prendre à gauche dans l'herbe vers le haut de la colline. Admirer la vue avant de continuer plein nord pour rejoindre le chemin de Saint-Avit. Continuer sur le goudron vers le Nord.

(3 : 430 m - 12 km) Au petit col, continuer plein Ouest sur la piste qui monte. Continuer cette piste jusqu'à Ratières. Prendre alors à droite sur 150 m. Descendre à gauche la piste – tracé jaune.

(4 : 265 m - 15 km) Juste avant de rejoindre la route, prendre à gauche le sentier qui rejoint la D53. Partir plein Sud sur cette départementale. 1 km plus loin, prendre à droite la piste équipée curieusement d'un Stop... Descendre ensuite à droite la route puis à gauche le chemin de Chafadière. Se diriger vers le village en prenant en face l'allée des Chênes.

(5 : 230 m - 19 km) Au niveau de la maison, prendre à gauche le chemin de Modichère. Ensuite continuer sur le chemin de Grimaud. En rejoignant la route, poursuivre 300 m à droite et s'engager à gauche sur le tracé jaune. Rejoindre le goudron et continuer à droite jusqu'à St-Andéol. Rejoindre l'église et poursuivre en descendant à droite. Suivre le tracé jaune jusqu'à la route.

(6 : 320 m - 23,5 km) Prendre à droite. Dans le premier virage, emprunter la piste à droite. Rejoindre à nouveau la route et effectuer deux virages. Prendre alors à gauche la piste vers Montaudun. Rester sur la piste pour finalement descendre jusqu'à la route. Rejoindre à droite la D53. Poursuivre à gauche sur 400 m la D53.

(7 : 240 m - 27 km) Partir à gauche et traverser le vallon en suivant la ligne téléphonique. Poursuivre à droite sur la route. Prendre la seconde montée à gauche, le chemin des Truffiers. En haut, prendre à droite vers les maisons. Au numéro 1415, prendre à gauche la piste et redescendre jusqu'à la D584. Partir à droite sur 200 m. Prendre alors à gauche au premier carrefour puis rester sur la route de droite pour contourner le lotissement. Au bout de la route poursuivre sur la piste qui ramène au pont de Chabran.

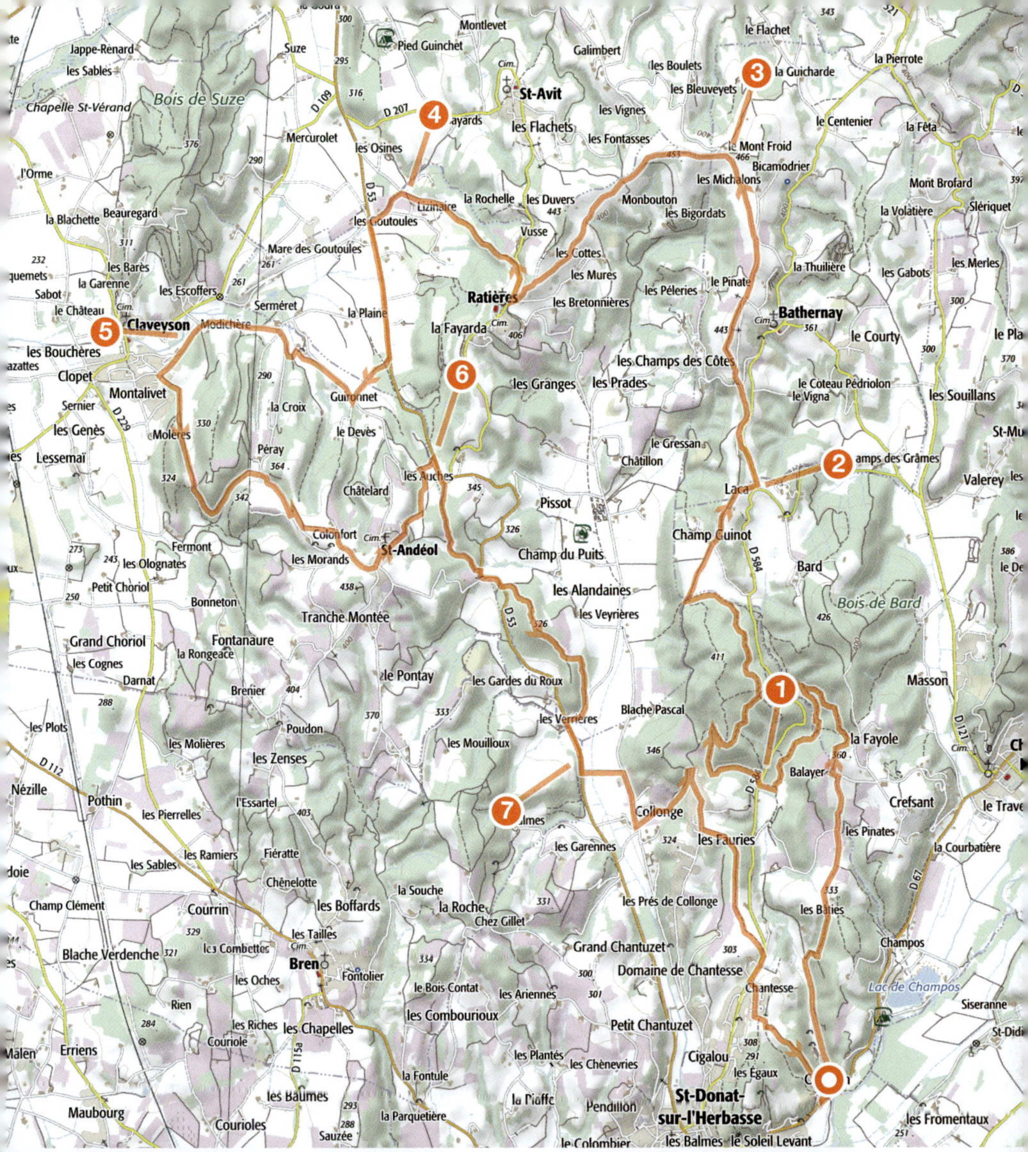

Les Roches qui dansent à Saint-Barthélémy de Vals.

9. LES BALCONS DE L'HERMITAGE

V4+

Distance **20 KM** D+/D- **650 M**
Durée **2H30** Difficulté **V4+**

La trace vous emmène au coeur des célèbres vignobles au nord du village de Tain-l'Hermitage. Après deux sections difficiles ou le poussage du vélo sera sans doute de mise, vous pourrez profiter de la vue depuis les belvédères de Méjans et de Pierre Aiguille. Un tour à l'allure trompeuse, pas franchement de tout repos !

Site FFC n°76 Drôme des Collines, balisage n°14

Itinéraire

(124 m) Depuis le parc du Chayla, démarrer l'itinéraire vers l'est sur le chemin de l'Hermitage. Commencer la montée sur la D241. Au premier virage prendre en face sur la route pavée. Continuer sur le tracé jaune au fond du vallon pour remonter jusqu'à la route. Prendre à droite et continuer en face pour traverser Fougearet. Partir à gauche au carrefour suivant. En bas de la descente, prendre en face en direction de Maupertuis. En haut partir à droite sur le chemin de Pierre Blanche - tracé jaune. Suivre le tracé sur la piste. Prendre à droite au goudron pour rejoindre la route de Larnage.

(1 : 208 m - 4,1 km) Rejoindre Larnage à gauche. Au centre du village, prendre à gauche vers Crozes-Hermitage. Au pont remonter à droite et suivre le tracé rouge/jaune. Remonter le vallon et partir à gauche sur le single pour atteindre le haut de la colline. Prendre à droite la route.

(2 : 365 m - 8,8 km) Au carrefour de Méjans-Nord, prendre à gauche vers le val de Gervans – tracé jaune. Rejoindre les Habrards et partir sur la première route à gauche. Remonter dans les vignes sur cette piste. Juste après la section bétonnée, prendre à droite. Dans l'épingle qui suit partir sur le single de droite et commencer une pénible section de poussage du vélo pendant 15 minutes – tracé jaune. On atteint le belvédère de Méjans.

(3 : 310 m - 12,8 km) Suivre la route en restant à droite jusqu'au carrefour des Bruclas. Descendre le tracé jaune à droite vers Crozes-Hermitage. Rejoindre le bas du village.

(4 : 150 m - 15,5 km) Remonter le chemin des Pinets et continuer en suivant le tracé jaune jusqu'au belvédère de Pierre Aiguille – Encore une section de portage. Du belvédère, continuer sur la piste jusqu'au carrefour des Balmes de l'Hermitage. Partir sur le sentier de gauche vers Crozes-Hermitage – section difficile, nombreuses marches. En bas continuer à droite pour remonter et se diriger vers le Sud. En haut des vignes, prendre en face et rapidement à droite le single qui descend au milieu des vignes. On rejoint ainsi le départ du tour.

la Plaine
les Barres
les Planards
Bijoin
les Chorets
Côte Rousse
la Ratte
Quartier des Bois
l'Omele
Rivoire
Chambrières
Romanière
les Sables
Torel
Perrioles
les Mottes
le Bassat
Érôme
le Rhône
la Combe Fauchet
les Méjans
Massurel
les Mionets
les Blaches
St-Pierre les Blés
St-Sauveur
les Bessons
les Genevières
Chantemerle-les-Blés
les Blancs
Chirouze
Darmignon
Rozet
la Sainte
Gervans
les Habrards
les Brouas
le Moulin
les Figuettes
Merjurol
les Vosserts
Grenouillet
les Massonnières
les Bélauds
St-Pierre
Larnage
les Brudas
les Grands Bois
Fournier
les Bonnassons
les Trompas
la Rivière
Givoda
la Mère
les Perrets
le Bois
la Bouvatte et les Rennes
la Croix
Torras
les Barbières
la Tuilière
les Sautons
le Pérou
les Cholettes
Pont de Crozes
Lebris
Chautin
les Chaux
les Gaules
les Lavoirs
les Fournaches
les Essarts
le Chambon
Champ Clevet
St-Clément
les Granges
Raillon
Crozes-Hermitage
les Pinets
les Rocoules
les Pouillards
les Coulaires
la Rivière
les Pérouses
l'Île du Chambon
les Plots
St-Pierre
le Mollard
la Rochette
St-Estève
les Condamines
les Creux
les Chaux
les Granges
les Plots
Suchet
Margiriat
Grabouillère
l'Ermite
Autoroute du Soleil
St-Jean-de-Muzols
Maison
les Blancs
le Colombier
le Poisson Frais
Fougearet
l'Homme
les Garennes
la Roue
les Drôles
Coteaux de l'Hermitage
la Croix
Aire de Repos de la Bouterne
les Arbouresses
le Châtelet
Mercurol
Cessieux
la Maladière
Torras
la Chapelle
les Prairies
Blanchelaine
Pra Coard
le Pont du Doux
les Murets
le Colombier
le Colombier
l'Observance
Gare
Cim.
les Diognères
la Burge
le Chênet
les Audouards
les Littes
Rochebonne
TAIN-L'HERMITAGE
Mont Rousset
TOURNON-
S.-préf.
les Prés
les Remizières

ROYANS - VERCORS

Royans-Vercors : terre de contraste et de diversité.

A la rencontre des Alpes du Nord et du Sud, bénéficiant d'une subtile influence climatique montagnarde, océanique et méditerranéenne, le Royans-Vercors offre une richesse exceptionnelle tant au niveau de ses reliefs que de la faune et de la flore, ce qui lui vaut d'être classé Parc Naturel Régional depuis plus de 40 années.

Sa situation géographique, associée à des altitudes de 200 à plus de 2000 mètres, offre une variété de végétations qui accompagne son cortège de grands espaces naturels dont certains sont uniques comme la Réserve Naturelle des Hauts Plateaux. La diversité et l'extrême beauté de sa nature en font un espace d'aventure qui impose le respect et garantit un dépaysement total.

Le Royans-Vercors est un territoire de vie qui a traversé les âges dès la préhistoire. À travers sites exceptionnels et musées, le Royans-Vercors dévoile un patrimoine riche et préservé, témoignage de la vie de ses habitants au fil des siècles.

10. SOUS FROCHET

V1+

Distance **7 KM** D+/D- **250 M**
Durée **1H00** Difficulté **V1+**

La boucle permet de découvrir la cascade de tufs située sous la résurgence de la grotte Frochet et de découvrir le cirque classé de Combe Laval. Aucune difficulté sur ce circuit, mais une jolie balade dans ce beau secteur du Royans.

Base FFCT Royans-Vercors, balisage n°6

Itinéraire

(250 m) Depuis le centre, remonter l'avenue du Sert qui commence à gauche de l'église. En haut de la colline, descendre en restant sur la D209 jusqu'au carrefour en croix.

(1 : 290 m - 1 km) Continuer alors en face pour démarrer la montée sur le chemin des Rimets – tracé jaune/vert. Continuer sur la piste jusqu'à rejoindre le carrefour de sous Frochet. On passe juste avant sous la cascade de tufs.

(2 : 360 m - 3,6 km) Au carrefour de sous Frochet, prendre la piste à gauche vers Saint-Jean.

(3 : 282 m - 5 km) Au panneau de randonnée des Basses Massières, rester à gauche vers Saint-Jean. Suivre ce tracé jaune/vert jusqu'à rejoindre le goudron.

(4 : 286 m - 6 km) Au stop continuer en face et au bout de la rue poursuivre sur le sentier. En rejoignant la rivière, partir à gauche plein Nord pour la longer. Continuer sur la piste et rejoindre la route. Prendre alors à droite pour descendre et rejoindre le centre de Saint-Jean-en-Royans.

Info circuit : *Ce tour peut aisément se combiner avec le circuit des gorges du Chaillard pour dessiner un parcours plus ambitieux et découvrir les hauteurs de St-Jean.*

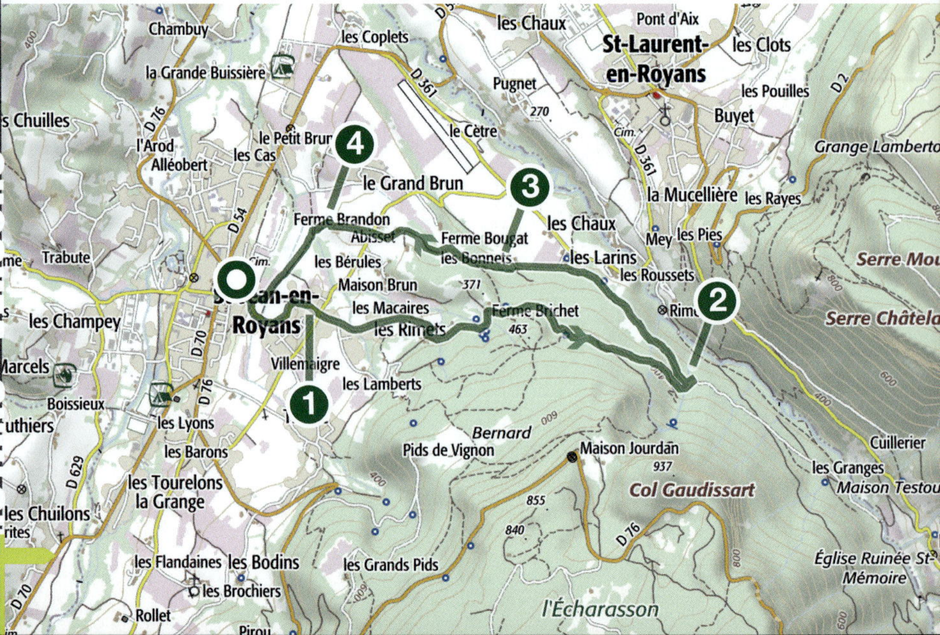

11. PETITE RONDE DES HAMEAUX

V1+

Distance **8 KM** D+/D- **100 M**
Durée **1H00** Difficulté **V1+**

Au milieu des grands champs, ce parcours vous fera découvrir de jolis hameaux du plateau du Vercors mais surtout la magnifique chapelle du village et les ruines du château de Foirvieille. Sans difficulté, ce parcours se prête idéalement à la balade familiale.

Base FFCT Royans-Vercors, balisage n°14

Itinéraire

(860 m) Rejoindre l'arrière de la chapelle et remonter l'avenue la Bruyère. Longer le cimetière et prendre à gauche juste après. 100 m plus bas, quitter la route en partant à droite sur un chemin jaune/rouge en direction du Mortier. Rejoindre l'aire de retournement.

(1 : 900 m - 1,5 km) Continuer vers la gauche sur le sentier souvent boueux. Rester sur la gauche et rejoindre le goudron que l'on descend jusqu'à la D518. Continuer en face sur la piste, tout droit vers le Sud jusqu'à rejoindre la D178. Se diriger alors à gauche vers la Chapelle-en-Vercors sur 300 m.

(2 : 867 m - 5 km) Remontée un peu raide vers Gagnaires sur la petite rue. Passer le hameau et poursuivre en empruntant la piste de droite. 250 m plus loin, continuer à gauche sur un sentier entre les buis. En rejoignant la route, continuer la piste vers l'Est. Traverser le golf juste avant de rejoindre la route.

(3 : 867 m - 6,5 km) À la route, continuer juste en face sur la piste vers la Chapelle-en-Vercors. Rester sur la gauche au prochain carrefour et rejoindre le village par la route.

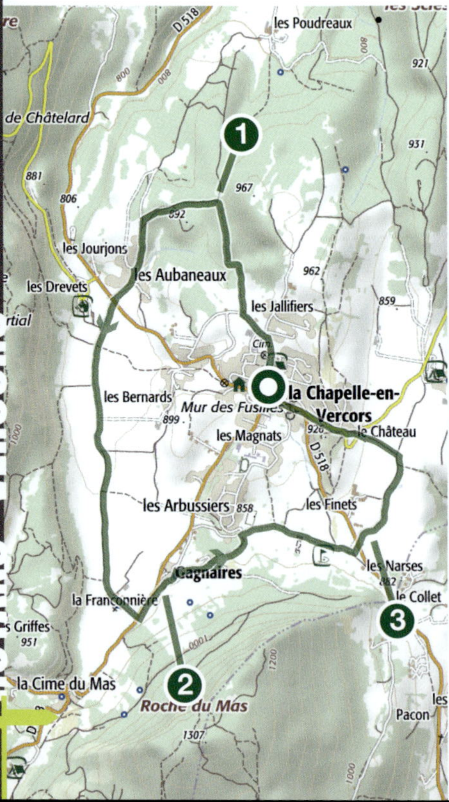

12. LA PLAINE D'HERBOUILLY

V1+

Distance **9 KM** D+/D- **150 M**
Durée **1H00** Difficulté **V1+**

En plein coeur du Vercors, en contraste avec ses forêts denses, la plaine d'Herbouilly offre un paysage atypique et très ouvert. C'est un lieu idéal pour une petite balade familiale en VTT. Au milieu de la plaine vous pourrez découvrir l'histoire de la ferme d'Herbouilly et ses ruines préservées.

Base FFCT Royans-Vercors, balisage n°2

Itinéraire

(1280 m) Du col d'Herbouilly, remonter sur le goudron jusqu'à la route forestière des Sables.

(1 : 1360 m - 4 km) Prendre cette route forestière et très rapidement partir à droite - plein Sud sur la piste vers Herbouilly. Passer les ruines (elle ont été «stabilisées» pour ne pas plus se détériorer) et suivre la direction de Roybon jusqu'à la route.

(2 : 1301 m - 7,2 km) Ne pas prendre la route mais partir à gauche pour remonter vers le gîte de Roybon. Au gîte prendre à droite et rejoindre le départ.

Info historique : *Les ruines préservées de la ferme d'Herbouilly se trouvent au milieu de cette plaine éponyme. Haut-lieu de la résistance du Vercors. Situé à mi-chemin du circuit, son histoire paysanne et militaire vous sera contée sur place.*

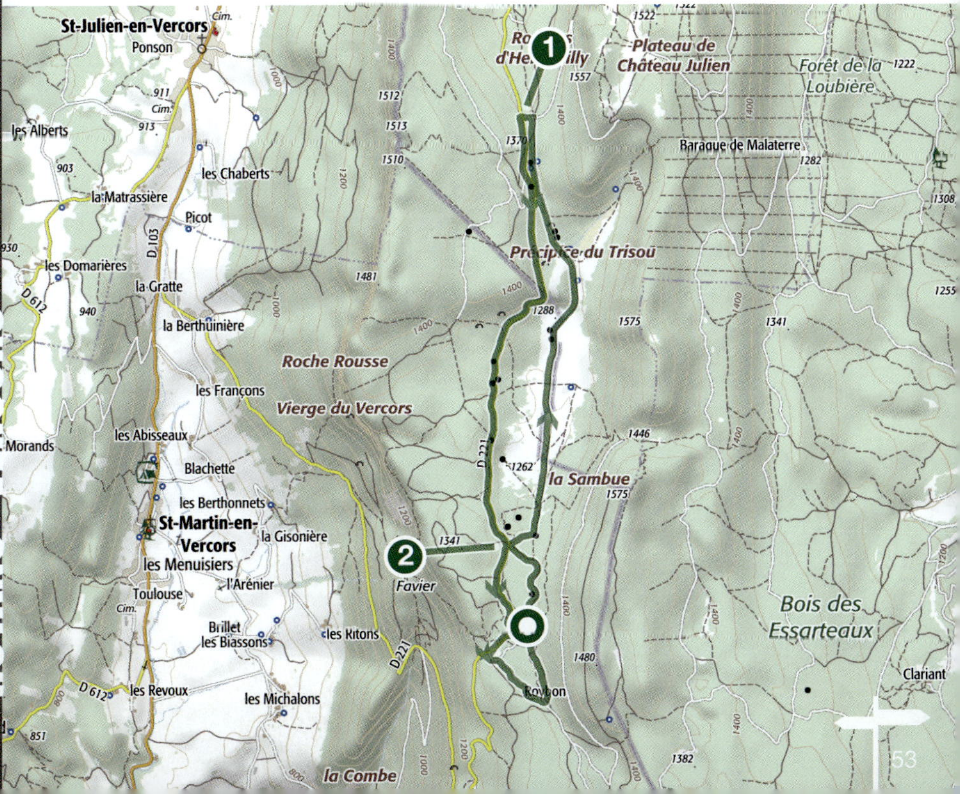

13. COL DE CHIRONNE

V2

Distance **36 KM** D+/D- **900 M**
Durée **4H30** Difficulté **V2**

Depuis Vassieux, vous rejoindrez dans l'effort le col de Chironne puis le Col de Rousset. La seconde moitié du circuit, bien plus roulante, traverse des paysages assez typiques, mi boisés, mi ouverts. Un vrai plaisir de rouler dans cet univers, même si le circuit n'est pas des plus techniques.

Base FFCT Royans-Vercors, balisage n°51

Itinéraire

(1050 m) Depuis l'église partir vers l'Ouest. Prendre à gauche la rue en face du local électrique. Continuer en face sur la piste à coté de la ligne téléphone. Poursuivre le tracé GR jusqu'à rejoindre la route des Granges. Continuer en face sur le chemin qui part au niveau de la borne incendie.

(1 : 1152 m - 3 km) Continuer sur la route pour rejoindre la D615. Prendre alors à droite vers le musée de la Préhistoire. Continuer jusqu'à la Baraque forestière du Lauset. Prendre à gauche le chemin vers Grand Bois. Redescendre un peu et rejoindre la piste au niveau de la côte 1285 m. Prendre alors à gauche sur le GR jusqu'au col de Chironne.

(2 : 1416 m - 12,5 km) En haut de la prairie, au col, entamer une courte descente vers le Sud. Garder le tracé de randonnée afin de rejoindre la station du col de Rousset. Passer le rond point et prendre la piste à gauche qui monte au col de Saint-Alexis. Au col, ne pas rejoindre la route, mais poursuivre en face sur le GR. Garder le tracé blanc/rouge pour traverser le stade de biathlon.

(3 : 1219 m - 21,5 km) Après le stade, ne pas prendre la route forestière de la Trompe, mais partir sur la piste du haut à gauche. Traverser les clairières et rejoindre le Pas du Pré. Quitter le tracé GR et prendre à droite le single jusqu'à la piste. Quitter le tracé de randonnée et partir à gauche sur la piste de la Trompe.

(4 : 1099 m - 27,5 km) Au carrefour 1099 m, se diriger vers le Sud sur la piste. Passer le col de Souillet et dans la descente, prendre à droite au niveau d'un virage – on a rejoint le tracé GR. Continuer en face au prochain carrefour et quitter le tracé blanc/rouge 250 m après pour partir à gauche sur la piste. Garder la piste principale jusqu'à l'ancien moulin à vent. Continuer en face et rejoindre le goudron.

(5 : 1080 m - 32,1 km) Prendre à gauche pour passer devant la fontaine. Poursuivre vers le Sud sur la piste principale. On rejoint quasiment l'ancienne carrière, partir alors à droite afin de retrouver le goudron. Poursuivre en face et prendre à gauche la piste derrière le cimetière. Avant les maisons, prendre à gauche le chemin qui rejoint Vassieux-en-Vercors.

Refuge de Crobache
Plaine Longue
Serre Plumé
Bombance
Grand Serre
Col de la Baume
St-Agnan-en-Vercors
les Faurons
Fouletier
Allard
les Rochas
les Grands Prés
les Revoux
le Souillet
les Berts
les Ruilliers
la Britière
le Timon
la Mure
le Devès
Roche Bonne
les Carlines
le Château
Col de la Chau
Jossaud
FORÊT COMMUNALE DE VASSIEUX
Grange de Barnarie
la Ferme du Pré
les Faures
les Guilhemis
les Ribauds
les Chaberts
Vassieux-en-Vercors
le Piroulet
le Passage
Grotte de la Lu
les Chaux
la Grand-Côte
Ferme des Drayes
Crête des Gagères
Rochers de Beausière
les Bauds
les Guinards
Serre Cendron
Jallifier
les Loubières
Allard
Teston
Bernard
Bontoux
Rambaud
Teston
Grimaud
Belle
Murou
la Grange
Ferme Bellevue
Col de St-Alexis
Blain
Guillet
Jallifier
Bernard
Marcel
Bernard
Bec
Teston
Plaine de Charose
Bournat
les Liotards
Rousset en Vercors
Guillet
Gemard
Breyton
Gauthier
le Saghat
les Charmottes
Côte de Nève
Montagne de Nève
Baraque Forestière du Lauset
le Grand Serre
Côte Majosset
But de Nève
Combe Mouron
Pra Pourri
Baraque Forestière de la Plaine des Trois Frères
Forêt Communale de Die
Bergerie de Ch
Col de Rousset
MONTAGNE DE BEURE
Chalet des C
Rochers de Chironne
les Aiguilles
But Sapiau
But de
D 76
D 178
D 615
D 518
D 616
D 815
1
2
3
4
5

14. LES GORGES DU CHAILLARD

V2+

Distance **11 KM** D+/D- **200 M**
Durée **1H30** Difficulté **V2+**

Peu de dénivelé qui vous permettre toutefois de découvrir ce golf géologique. De Saint-Jean-en-Royans vous partirez plein sud sur des chemins à travers les noyers pour finalement rejoindre les gorges de Chaillard. Le retour se fera en longeant la rivière de la Lyonne sur des pistes et des sentiers au calme.

Base FFCT Royans-Vercors, balisage n°17

Itinéraire

(250 m) Depuis le centre, remonter l'avenue du Sert qui commence à gauche de l'église. En haut de la colline, descendre en restant sur la rue des Sablons jusqu'au croisement avec celle du Piémont.

(1 : 290 m - 0,5 km) Partir à droite sur la route du Piémont. Au croisement avec l'avenue de la forêt de Lente continuer en face sur le chemin herbeux – tracé jaune/vert. Rejoindre le gîte des Brochiers.

(2 : 310 m - 2,5 km) Faire un petit crochet vers le haut pour contourner le gîte et poursuivre dans la même direction. Au goudron, descendre à droite 200 m et remonter à gauche la D131 sur 400 m. Suivre le tracé jaune/vert et la direction de Saint-Martin-le-Colonel en partant à droite dans descente qui mène au carrefour en épingle. Poursuivre cette direction à droite et ne pas rater la piste qui part 150 m plus loin à gauche.

(3 : 305 m - 4 km) Rouler plein Nord sur cette piste qui mène à Saint-Martin-le-Colonel. Passer le village et prendre le chemin de la Freydière à droite. Remonter un peu et finir par descendre sur le sentier qui démarre à droite dans le virage. Rejoindre la rivière et poursuivre rive gauche.

(4 : 305 m - 6 km) Au carrefour de l'usine hydroéléctrique, descendre à droite et rejoindre la route. Remonter la route au milieu des gorges. À la sortie, prendre à droite la piste en direction de Talard - une jolie traversée du hameau de la Rousse. Descendre un peu raide et poursuivre sur la route jusqu'à passer Talard et rejoindre la D586.

(5 : 269 m - 8,5 km) Poursuivre en face sur la route du Boulodrome. Passer le boulodrome et partir sur la piste pour longer la rivière. Rejoindre la route et continuer en face sur la D629 jusqu'au numéro 840.

(6 : 250 m - 10,5 km) Au numéro 840, partir à droite sur le sentier. En bas, prendre le premier pont à gauche et suivre plein Nord la rive gauche de la rivière. Au goudron, traverser le pont. Poursuivre plein Nord sur la rive droite sur un sentier qui longe le canal. Remonter alors à droite et emprunter la rue Pasteur pour retrouver le centre de Saint-Jean-en-Royans.

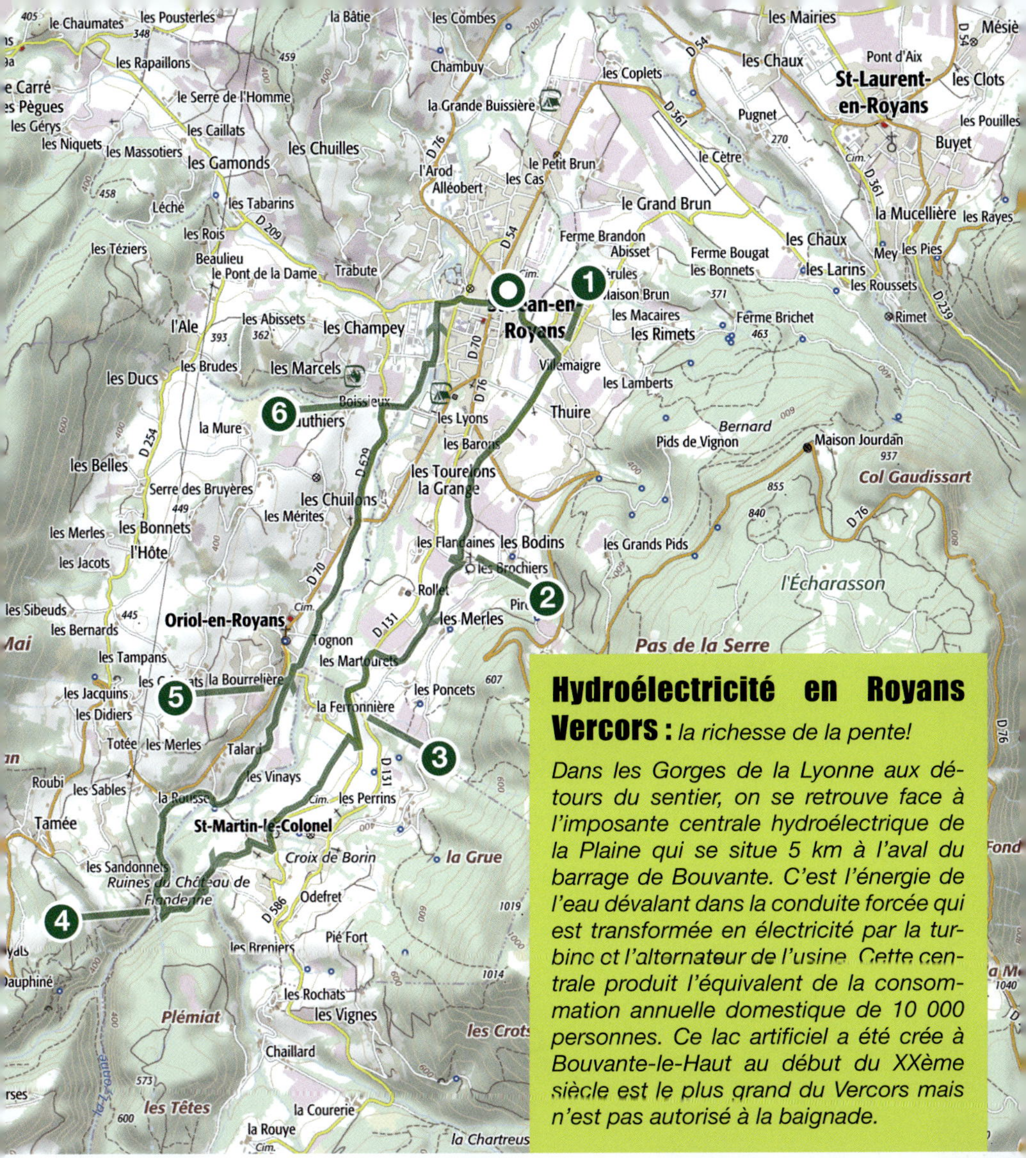

Hydroélectricité en Royans Vercors : *la richesse de la pente!*

Dans les Gorges de la Lyonne aux détours du sentier, on se retrouve face à l'imposante centrale hydroélectrique de la Plaine qui se situe 5 km à l'aval du barrage de Bouvante. C'est l'énergie de l'eau dévalant dans la conduite forcée qui est transformée en électricité par la turbine et l'alternateur de l'usine. Cette centrale produit l'équivalent de la consommation annuelle domestique de 10 000 personnes. Ce lac artificiel a été crée à Bouvante-le-Haut au début du XXème siècle est le plus grand du Vercors mais n'est pas autorisé à la baignade.

15. PELOUSE DE BOURNETTE

V3

Distance	**18 KM**	D+/D-	**400 M**
Durée	**2H00**	Difficulté	**V3**

Lieu idéal pour le ski de fond, les alentours de Lente sont également très appréciés des vététistes. La forêt est belle, dense et les sentiers qui s'y faufilent sont très plaisant à parcourir. Un parcours au calme pour se vider la tête.

Base FFCT Royans-Vercors, balisage n°41

Itinéraire

(1071 m) Du parking, partir en face sur la route du village forestier. Continuer sur la piste qui suit vers la piste des charbonnières – balisage jaune/vert. Rejoindre la piste des charbonnières et continuer sur la gauche jusqu'à la route.

(1 : 1156 m - 2,5 km) Poursuivre en face et rouler sur la piste forestière de la Rama. Au carrefour suivant continuer en balcon sur la piste forestière de Montué. Suivre cette piste et le balisage jaune/vert jusqu'à la station.

(2 : 1418 m - 10 km) Sur le goudron, vers le bas de la station, trouver un large chemin en face du local à poubelle qui part en direction de «Lente». 200 m après, remonter à droite la piste pour rejoindre les pelouses du Serpent. Au bout de ces pelouses, poursuivre sur la piste et le single dans la direction de Lente – balisage jaune/vert.

(3 : 1328 m - 14 km) Arrivé au bout des prairies de la Bournette, se diriger vers la croix de Bournillon. Arrivé au petit col de la croix, descendre à gauche et suivre le balisage jaune/vert jusqu'à Lente. En bas, rejoindre le départ en prenant la route vers la droite.

16. PLATEAU D'AMBEL

V3+

Distance **22 KM** D+/D- **850 M**
Durée **3H00** Difficulté **V3+**

En effectuant le tour du Roc de Toulau, ce parcours vous fera découvrir la ferme d'Ambel et son plateau avec en prime un superbe single en balcon. Le plateau d'Ambel est un Espace naturel sensible départemental où la pratique du VTT est réglementée.

Base FFCT Royans-Vercors, balisage n°52

Itinéraire

(1163 m) Démarrer le circuit sur la GTV en suivant la direction de Bouvante-le-Haut. Suivre cette direction et le tracé jaune/vert jusqu'au hameau.

(1 : 595 m - 7 km) À Bouvante, emprunter la route plein sud jusqu'aux Roissards. Partir à droite sur la rue qui monte en suivant le tracé jaune/vert. Monter la piste qui suit. En rejoignant la route, remonter le goudron jusqu'à l'épingle à 871 m. Monter alors à gauche sur la piste mal tracée. Fort raide et caillouteuse pendant 500 m, elle devient plus roulante au niveau des falaises. Continuer pour rejoindre la route.

(2 : 1125 m - 13,5 km) Continuer sur le sentier pour rejoindre la route. Au croisement sous le refuge prendre à droite et continuer sur le GR93 jusqu'au Pas du Gouillat.

(3 : 1125m - 13,5 km) Au Pas du Gouillat suivre la piste plein nord qui mène jusqu'au col de la Bataille en passant sous le Roc de Toulau.

(4 : 1330 m - 19,5 km) 300 m après le tunnel, s'engager à gauche sur le GR. Le sentier est difficile au départ. Suivre la direction du Grand Echaillon jusqu'à la prochaine route. À la route, descendre 100 m et partir sur la piste à gauche vers l'Echaillon. À la bergerie, prendre à droite puis rapidement à gauche pour rejoindre le départ du circuit.

17. PAS DE L'ALLIER

V4

Distance **17 KM** D+/D- **620 M**
Durée **2H15** Difficulté **V4**

La montée est bien roulante pour rejoindre le haut du Bois de l'Allier. Après une bonne pause au point de vue du Pas de l'Allier la descente commence. Tantôt large, tantôt plus étroite, le parcours est varié et ludique dans cette partie de forêt restée bien sauvage. Un circuit surprenant et très plaisant.

Base FFCT Royans-Vercors, balisage n°31

Itinéraire

(750 m) Du village remonter au nord sur la route. Prendre à droite en face du camping pour rejoindre les Françons. Passer le hameau et rejoindre la D103.

(1 : 804 m - 1,8 km) Monter la petite route en direction des Côtes. Aux Morands, prendre deux fois à droite la route pour descendre dans la direction des Alberts. En bas de la descente, repérer à droite un sentier longeant un muret. On rejoint le hameau des Domarières. Poursuivre en face sur le goudron en direction des Alberts. Au hameau monter à gauche et rester sur la piste jusqu'au lieu-dit la Plateforme. Rester alors à droite sur le tracé jaune/rouge.

(2 : 1132 m - 9,2 km) Partir à gauche pour garder ce tracé jaune/rouge et se diriger au Pas de l'Allier.

(3 : 1180 m - 10,8 km) Après avoir profité de la vue, descendre le sentier plein Sud jaune/rouge. À Dorgne, prendre à droite vers Saint-Martin-en-Vercors.

(4 : 1150 m - 12,2 km) Durant la descente, ne pas rater la bifurcation marquée par un gros cairn. C'est un sentier tracé jaune/rouge qui mène à la route.

(5 : 1016 m - 13,5 km) Poursuivre en face. Après la petite montée, continuer sur le sentier de droite. On rejoint une vilaine piste, la descendre à droite quelques temps mais faire bien attention de ne pas rater le sentier à gauche mal indiqué. On descend alors en longeant la prairie avant de rejoindre un carrefour. Continuer la descente en allant à droite puis rapidement à gauche en suivant la direction des Menuisiers. Au goudron, se diriger plein Nord pour rejoindre le départ à Saint-Martin.

Info historique : *Pendant de nombreuses années, le pas de l'Allier était quasiment la seule voie de communication importante entre la vallée et le plateau du Vercors. Pour faciliter le passage du pas, une rampe fut édifiée au XVIIIème siècle afin de s'assurer que les convois de mulets puissent ainsi alimenter en charbon de bois l'industrie de la plaine. Suite à de nombreux éboulements, il est décidé en 1843 de lancer le chantier de la route des grands Goulets qui sera terminé en 1854. Les ruines d'un ancien bistrot, enfouies dans la forêt au sud du chemin, montrent encore l'importance de cet itinéraire.*

DIOIS - VALLÉE DE LA DRÔME

Le Diois et la Vallée de la Drôme vivent au rythme de la rivière.. Le contraste entre les montagnes et les plaines ne peut laisser insensible. Avec ses sommets dépassant les 2000 m d'altitude, ses vallées encaissées et ses immenses praires fleuries, cette région offre des paysages de toute beauté. Egalement territoire d'agropastoralisme et de vignobles, avec sa fameuse Clairette, c'est un endroit fabuleux à découvrir quelle que soit l'activité de pleine nature que l'on souhaite faire, et plus particulièrement à VTT. À découvrir au fil des pages suivantes...

18. LA VALETTE

V2

Distance	**9 KM**	D+/D-	**130 M**
Durée	**1H15**	Difficulté	**V2**

Ce petit tour est situé juste sous les sources de la Drôme. Un superbe sentier récemment taillé longe les berges du cours d'eau. Il est très ludique, peu difficile et vaut vraiment le détour – à faire absolument.

Site FFC n°230 Pays Diois, balisage n°31

Itinéraire

(780 m) Du village, remonter sur la route vers le col de Carabès. Dans la première épingle lorsque la route se redresse, partir à droite sur le parking.

(1 : 920 m - 4,4 km) En bas du parking, s'engager sur le sentier en sous bois qui longe la Drôme encore naissante. Suivre le cours d'eau tantôt rive droite, tantôt rive gauche. Après 3 km de joli single on rejoint la route.

(2 : 830 m - 7,4 km) Prendre à droite pour rejoindre Valdrôme par la route de départ.

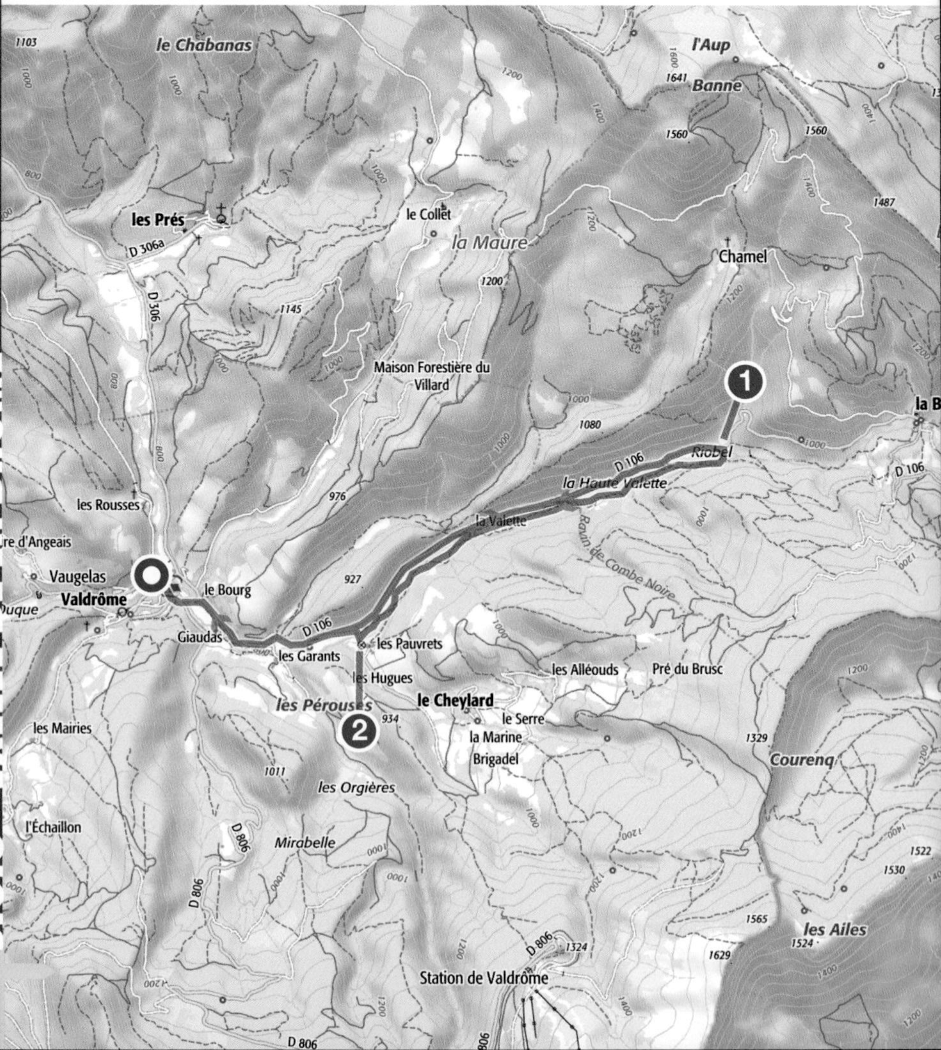

19. LA CHAUDIÈRE

V2

Distance **22 KM** D+/D- **800 M**
Durée **3H30** Difficulté **V2**

Au départ de Saillans, ce parcours démarre en fond de vallée et fini par vous emmener en haut de trois cols. C'est une variante du tour de la chapelle de Sadoux. Peu difficile vous emprunterez deux portions de single assez courtes, le reste se faisant sur des pistes agréables ou sur route.

Site FFC n°73 Crestois Pays de Saillans Coeur de Drôme, balisage n°9

Itinéraire

(270 m) Du centre de Saillans, se diriger vers Die. Rejoindre la nationale et prendre à droite. Passer au dessus de la nationale en empruntant l'échangeur de la D156.

(1 : 299 m - 1,8 km) Au premier carrefour, continuer tout droit sur la D776 - en direction de Chastel-Arnaud. Continuer jusqu'au terminus de la route.

(2 : 522 m - 7,1 km) Démarrer la montée sur la piste forestière du col de la Baume. Au col des Hérissons, prendre à droite le GR en direction de Chaudière - Jolie portion de single légèrement montante. En rejoignant la piste continuer à droite jusqu'au col de la Chaudière.

(3 : 881 m - 12,3 km) Prendre à gauche sur 100 m. Juste avant le village prendre à gauche sur la piste forestière du col de la Baume. Au col prendre la piste de gauche qui descend.

(4 : 840 m - 17,9 km) Au col de Perrier, continuer à rouler sur la piste en direction du col d'Espenel. La piste disparait et laisse place à un plus petit sentier. Continuer dessus en suivant le tracé jaune – la descente est un peu raide.

(5 : 720 m - 20,6 km) Rejoindre une piste peu tracée. Descendre à gauche pour rejoindre Chastel-Arnaud.

(6 : 520 m - 22,5 km) Retourner à Sailans par la route empruntée à la montée.

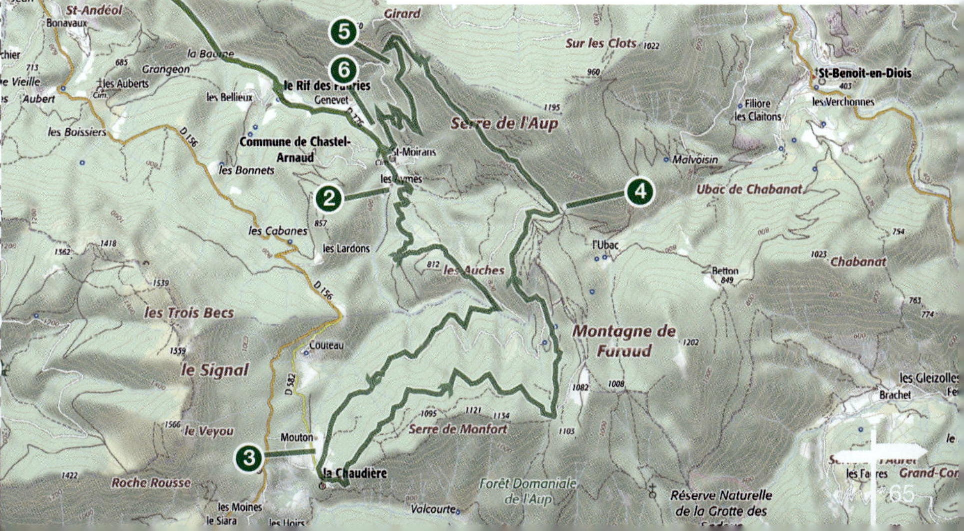

20. BALCON DE LA DRÔME

V2

Distance **37 KM** D+/D- **1000 M**
Durée **4H30** Difficulté **V2**

Une boucle longue et physique qui demande aussi une bonne lecture de carte. Situé sur un versant nord le circuit est à l'ombre et bien adapté si l'on souhaite un peu de fraicheur ! Le tracé emprunte majoritairement des pistes, il est donc efficace et bien roulant.

Site FFC n°73 Crestois Pays de Saillans Coeur de Drôme, balisage n°8

Itinéraire

(260 m) Du centre de Saillans, se diriger vers Die. Rejoindre la nationale et prendre à droite. Passer au dessus de la nationale en empruntant l'échangeur de la D156. Au premier carrefour, continuer tout droit sur la D776 - en direction de la Chastel-Arnaud. Continuer jusqu'au parking de la Baume.

(1 : 425 m - 5 km) Remonter à droite la piste des Baumes jusqu'au Auberts où l'on rejoint la D156. Descendre la route sur 200 m.

(2 : 621 m - 6,8 km) Partir alors à gauche, plein Ouest sur la piste. Poursuivre sur cette piste quasi plate en gardant le cap plein Ouest. Rejoindre le hameau des Mouyons et la petite route. Au bout du hameau, s'engager sur la piste qui monte durant 20-30 m. Descendre jusqu'au prochain hameau.

(3 : 500 m - 12,8 km) Descendre 2 épingles et continuer sur la route qui suit jusqu'à un petit col. Partir alors à gauche sur une bonne piste qui démarre au niveau d'une boite aux lettres. Après une petite section bétonnée, partir à droite sur le chemin. Laisser une maison en pierre sur la droite et continuer 400 m. Entamer une descente raide et ne pas rater le prochain single à gauche mal indiqué. Ensuite prendre la piste de gauche qui reste au dessus du champ et nous emmène à Notre-Dame-du-Bon-Secours.

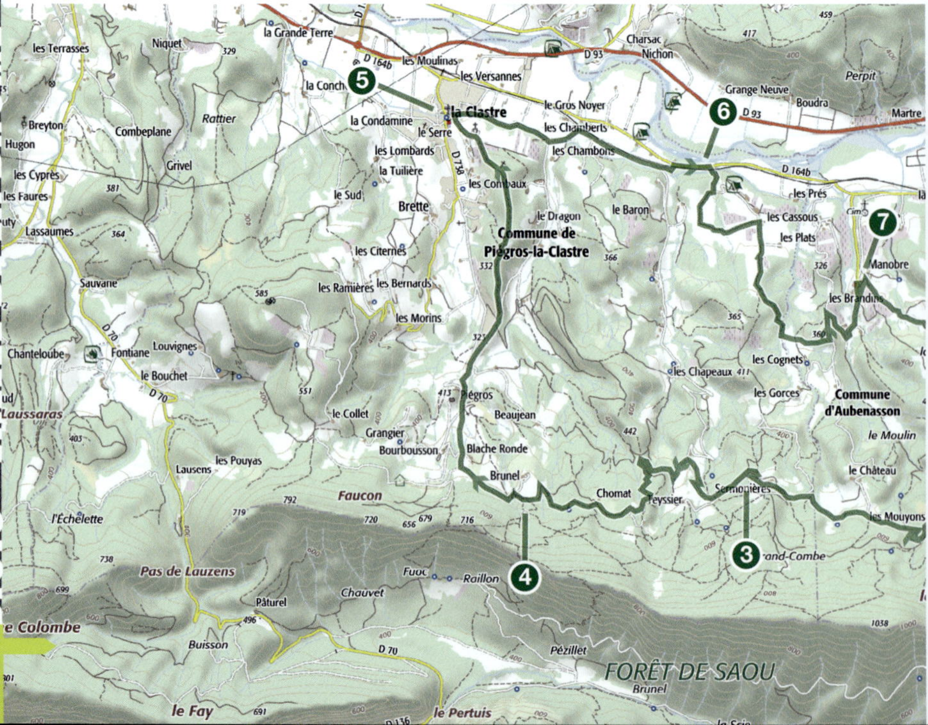

(4 : 503 m - 16,4 km) Descendre la route jusqu'à Piegros. Passer sous le village et au panneau prendre à droite sur le tracé jaune. Rejoindre la route et suivre le tracé jaune qui mène a un joli sentier sur les crêtes. Descendre ainsi jusqu'à la Clastre.

(5 : 240 m - 20,3 km) Au centre du village, prendre à droite sur la route. 100 m plus loin poursuivre à droite sur la route interdite aux 5 tonnes. Continuer sur la route et longer le chemin de fer. Traverser la voie ferrée et continuer à la longer.

(6 : 237 m - 22,6 km) Traverser à nouveau la voie ferrée dès que possible pour remonter sur une petite route. Prendre le premier chemin à droite qui monte dans le champ. Poursuivre à gauche dans le champ, traverser la rivière. Partir alors plein Nord à droite. Poursuivre sur la piste et quitter le sentier de randonnée. Rejoindre le fond d'un vallon et trouver un single qui nous mène à la route. Prendre cette route à gauche, puis immédiatement après à droite jusqu'à traverser la commune d'Aubenasson.

(7 : 307 m - 26,2 km) Après Aubenasson, prendre la première route à droite qui monte. Garder la droite et rejoindre Saint-Sauveur-en-Diois. La place centrale est très jolie avec sa fontaine et son église. Traverser le village et continuer sur la route en direction des Granges. Traverser les Granges en prenant à droite. Poursuivre cette piste jusqu'à la prochaine intersection.

(8 : 430 m - 30 km) Monter la piste en direction du col des Réchats. À la Motte, monter par la route. Au col des Réchats, descendre à gauche sur 1 km.

(9 : 460 m - 33 km) Suivre le tracé du GR9 en prenant la piste à gauche. Poursuivre sur le sentier en faisant attention de ne pas rater le crochet à droite qu'effectue le GR. Rejoindre finalement la route. La descendre sur 20 m. Couper l'épingle en suivant le sentier qui part à droite de la maison et finir par rentrer à Saillans en empruntant la route.

21. LA CABANE ROUGE

V2+

Distance **8 KM** D+/D- **150 M**
Durée **1H00** Difficulté **V2+**

C'est une courte boucle ludique que nous proposons ici. Un parcours au calme avec un joli single en forêt sans grosse difficulté. Idéal pour s'aérer et se faire plaisir.

Site FFC n°230 Pays Diois, balisage n°3

Itinéraire

(600 m) Du parking, rejoindre Marignac-en-Diois par la route. Traverser le village en restant à gauche et rejoindre les Martins. On rejoint ainsi la D543.

(1 : 604 m - 1,6 km) Prendre plein Nord sur la piste en direction de la Cabane Rouge. Rester sur la branche de droite. Après une courte montée raide, quitter la piste principale et prendre la nouvelle piste à droite.

(2 : 720 m - 2,6 km) Suivre cette piste sur 300 m, ensuite elle devient monotrace et mène à la Cabane Rouge. De la cabane, descendre la piste jusqu'à la prochaine épingle.

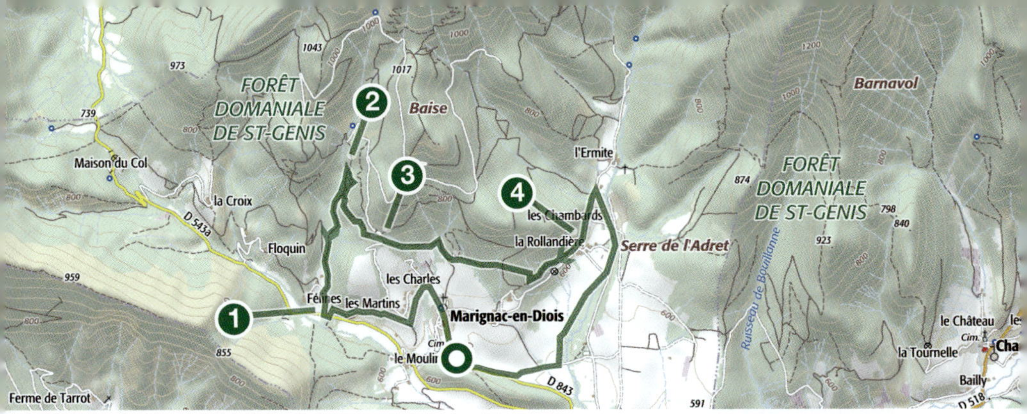

(3 : 730 m - 3,4 km) Trouver le sentier à gauche tracé jaune/vert vers Marignac. Poursuivre ce tracé dans la forêt. Au carrefour ne pas suivre Marignac, mais prendre le sentier de gauche qui rejoint rapidement la route.

(4 : 570 m - 5 km) Prendre la route à gauche et descendre ensuite à droite dans l'épingle. Continuer à rester sur la rive droite en empruntant la piste. Continuer à droite au carrefour et rejoindre naturellement le parking de départ.

22. BERGU

V2+

Distance **14 KM** D+/D- **400 M**
Durée **2H00** Difficulté **V2+**

Petit tour bien ensoleillé sur les hauteurs de Die. La forêt Domaniale de Justin offre une belle vue sur la vallée et un single très plaisant. Profitez de l'occasion pour visiter Die avec votre monture.

Site FFC Pays Diois

Itinéraire

(401 m) Du parking, emprunter la D93 pour contourner le centre ville. Rejoindre le lycée et poursuivre à gauche pour trouver la rue Felix Faure. Suivre cette rue jusqu'à la montée au col du Rousset. Entamer la montée du col.

(1 : 460 m - 4,3 km) Prendre la première piste à droite en direction du col du Bergu. La piste s'arrête et laisse place à un joli sentier. Continuer jusqu'à se retrouver sous le col. Ne pas y monter mais continuer en balcon jusqu'au col de la Tour.

(2 : 740 m - 9 km) Au col de la Tour, emprunter le sentier qui descend. Poursuivre sur la piste jusqu'à Bassette.

(3 : 488 m - 11 km) Continuer à descendre sur la route puis prendre la première à gauche. En bas partir à droite et continuer tout droit jusqu'au parking de départ.

Hébergement à ne pas manquer : *CAMPING LA PINÈDE, à l'entrée de DIE, accueille tous cyclistes (groupes ou individuels (2 mini)) en location (draps et serviettes fournis) - équipée cuisine. Restaurant sur place - piscine - sauna - hammam. www.camping-pinede.com - GPS: Lat. 44,757 - Long 5,353*

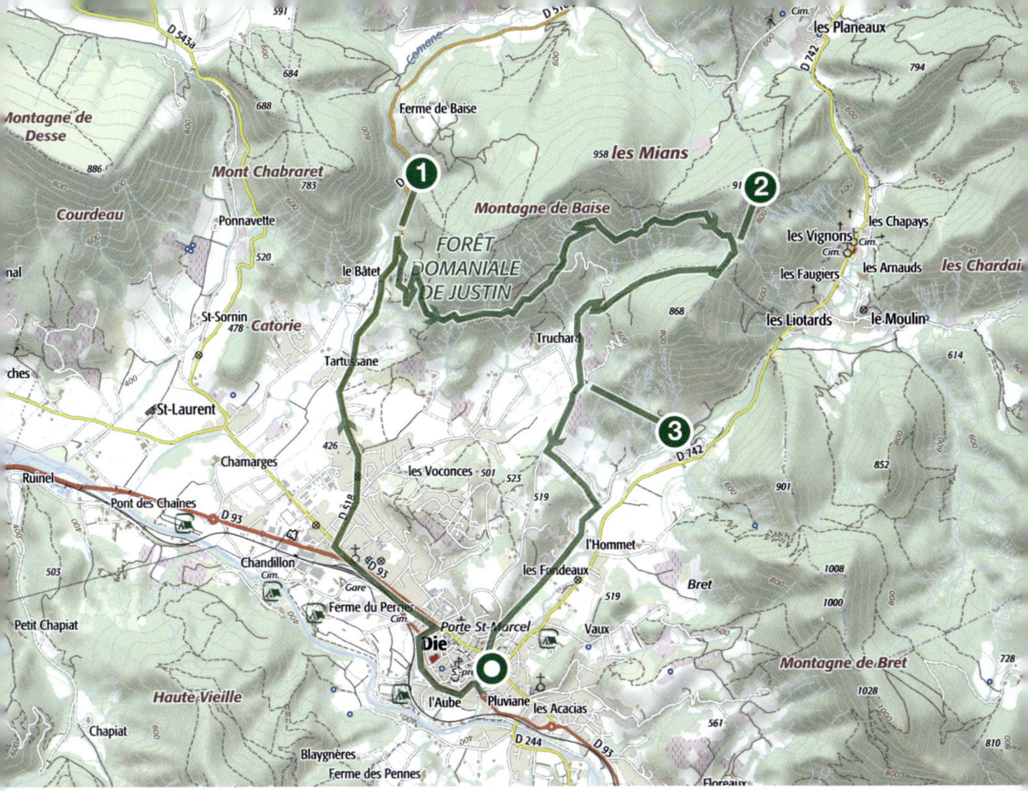

les Planeaux
D 543a
Comane
Montagne de Desse
Ferme de Baise
Mont Chabraret
958 les Mians
Courdeau
Montagne de Baise
Ponnavette
FORÊT DOMANIALE DE JUSTIN
les Vignons
les Chapays
les Arnauds
les Chardai
les Faugiers
le Bâtet
St-Sornin
Catorie
les Liotards
le Moulin
Truchar
Tartussane
St-Laurent
Chamarges
D 742
Ruinel
les Voconces
Pont des Chaines
D 93
D 518
l'Hommet
Chandillon
les Fondeaux
Bret
Gare
Ferme du Perrier
Petit Chapiat
Porte St-Marcel
Die
Vaux
Montagne de Bret
Haute Vieille
l'Aube
Pluviane
les Acacias
Chapiat
D 244
Blaygnères
Ferme des Pennes
1
2
3

23. LES PEYROUSES

V2+

Distance **10 KM** D+/D- **300 M**
Durée **1H30** Difficulté **V2+**

Valdrôme est un lieu paisible idéal pour la randonnée VTT. Les sentiers sont multiples et très diversifiés. Ce circuit est une petite boucle peu technique qui vous fera découvrir le lit de la Drôme. Un passage en haut des Pérouses vous offrira une jolie vue sur les collines alentours.

Site FFC n°230 Pays Dois, balisage n°32

Itinéraire

(780 m) Depuis le village remonter sur 1 km la route en direction du col de Carabès. Au pont des garants, prendre à gauche le sentier en direction de «Chamel itinéraire en boucle». Le sentier devient une piste. La suivre et contourner le champ de lavande par le haut. Au croisement avec la piste, prendre à droite pour rejoindre la route du col.

(1 : 840 m - 2,7 km) Poursuivre directement en face sur le sentier qui rejoint la Drôme. Traverser le cours d'eau et partir à droite sur le sentier en fond de vallon – Section magnifique.

(2 : 815 m - 3,9 km) On rejoint le goudron. Se diriger vers le Sud pour rejoindre le Cheylard. Traverser le hameau jusqu'au panneau de randonnée. Partir alors à droite sur le pont de bois et continuer sur cette piste qui vous mènera au sommet des Pérouses.

(3 : 908 m - 6,6 km) Longer à gauche le champ de lavande en restant à la limite de la forêt. Poursuivre sur la gauche pour surplomber les champs. Au fond du vallon se diriger vers le Nord afin de descendre la piste.

(4 : 800 m - 8,9 km) Aux Garants continuer tout droit sur la route pour rentrer à Valdrôme par la route du col.

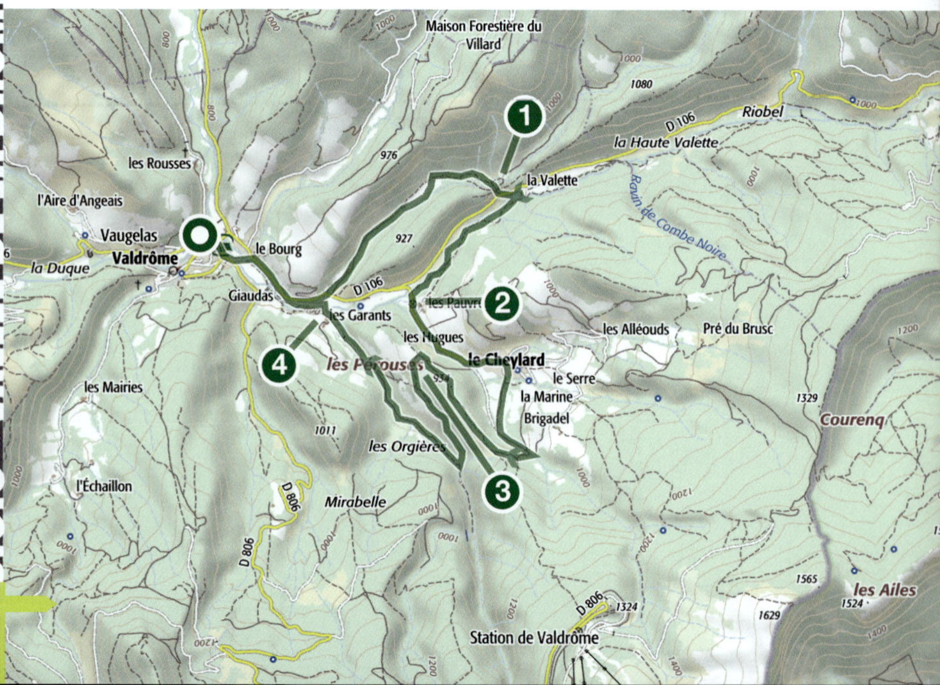

24. SERRE PEYPLAT

V2+

Distance **18 KM** D+/D- **600 M**
Durée **3H00** Difficulté **V2+**

Ce circuit plaisir remonte facilement jusqu'à la chapelle Saint-Christophe. Plein Sud, le circuit est plaisant et la vue très dégagée. Sur plusieurs kilomètres vous évoluerez sur un sentier en crête absolument magnifique avant d'entamer la descente sur Saillans.

Site FFC n°73 Crestois Pays de Saillans Coeur de Drôme, balisage n°4

Itinéraire

(260 m) Depuis Saillans remonter plein Nord sur la D580.

(1 : 350 m - 1,4 km) Prendre à la première bifurcation la route forestière Saint-Christophe. Poursuivre ensuite sur le chemin forestier des Rats. Dans la première épingle au fond du vallon, remonter rive gauche sur le single. Poursuivre sur ce single en remontant le vallon de gauche pour finalement retrouver la piste.

(2 : 425 m - 5,1 km) Partir à gauche sur la piste qui mène à la chapelle Saint-Christophe.

(3 : 559 m - 8,3 km) Au col de la chapelle, faire un demi tour pour remonter sur la piste vers la crête – tracé GR blanc/rouge. La piste se rétrécit et devient un chemin. Suivre ce tracé GR jusqu'au panneau de la Serre des Trois Bornes.

(4 : 660 m - 11 km) Descendre sur le GR jusqu'au col de Pourcheton. Au col quitter le tracé blanc/rouge. Continuer sur le tracé jaune en direction du col du Sauzet. Au col, garder le tracé jaune et poursuivre sur la crête jusqu'à Serre Peyplat.

(5 : 539 m - 14,5 km) De là partir à gauche sur le tracé jaune vers Saillans. Arriver au Amandier, passer derrière la maison et continuer sur la piste. Rejoindre Saillans par la route qui suit.

25. CHAPIAT

V2+

Distance **23 KM** D+/D- **650 M**
Durée **3H00** Difficulté **V2+**

La croix de Justin est facilement visible depuis Die et le fond de vallée. Ce circuit vous y mènera pour admirer la vue mais également pour profiter du superbe sentier de descente des Houlettes.

Site FFC n°230 Pays Diois

Itinéraire

(401 m) Depuis le parking, emprunter sur 500 m la D238 vers Luc-en-Diois. Traverser le pont de la Griotte à droite et remonter la piste de la croix de Justin. Continuer jusqu'au carrefour sous la croix. Faire l'aller/retour à la croix de Justin pour admirer la vue qui surplombe Die.

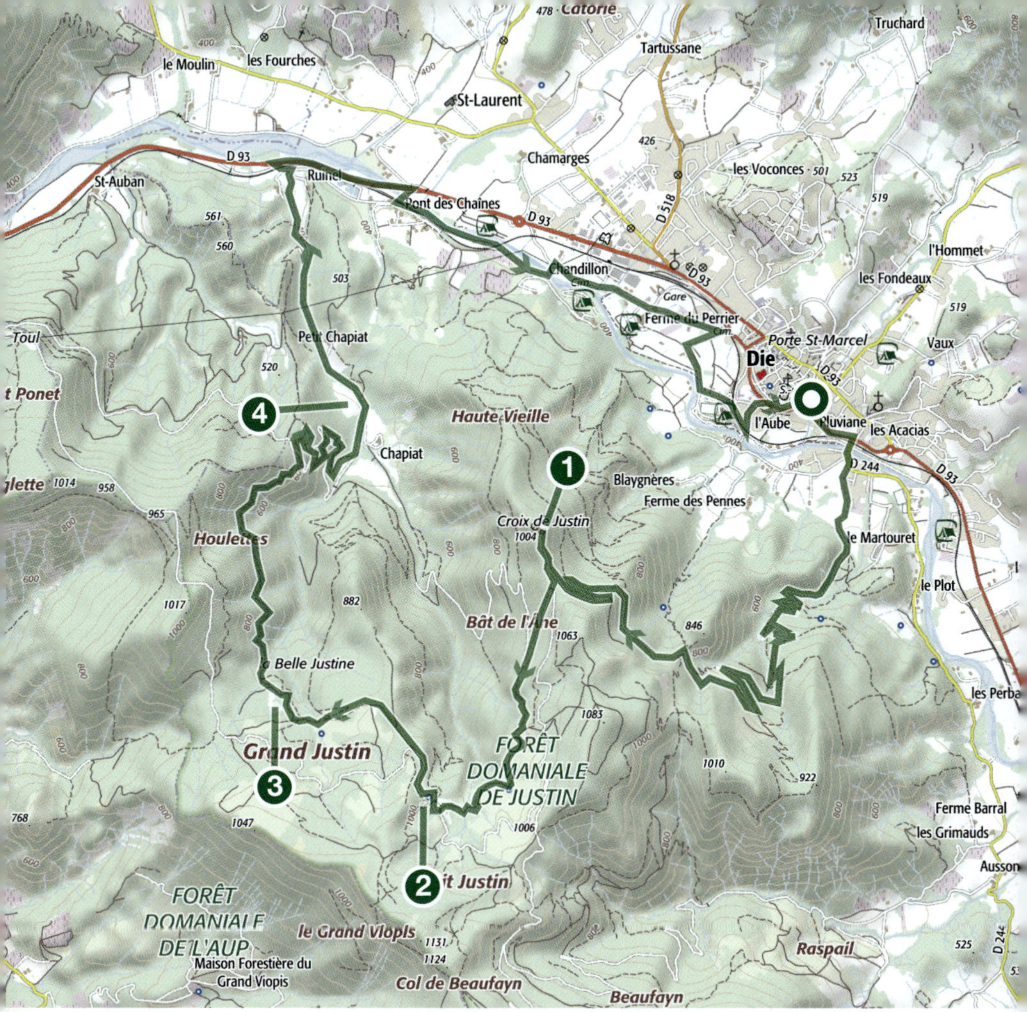

(1 : 968 m - 7,1 km) Se diriger vers le Sud sur la piste et bifurquer rapidement sur le chemin forestier en suivant le GR95. Suivre le tracé GR qui devient par moment un single.

(2 : 958 m - 10,1 km) Au gîte forestier, prendre la piste à droite vers le Pas de la Perdrix.

(3 : 835 m - 11,5 km) Au second carrefour, au grand Justin, prendre à droite le single vers Chapiat. Suivre ce single très agréable jusqu'en bas. On traverse plusieurs fois la piste.

(4 : 450 m - 15,6 km) Au chapiat, descendre le vallon par la route. Rejoindre ainsi la D238 entre Die et Saillans. Sur la D238, se diriger vers Die sur 1km. Ensuite prendre à droite le pont des Chaînes. Après le pont, partir à gauche pour longer la voie ferrée et se diriger vers Die. Avant le camping, traverser le pont au dessus de la Drôme et poursuivre en longeant rive droite. Rejoindre Die situé 2 km à l'Est.

26. TOUR DE MALLIVERT

V3

Distance **14 KM** D+/D- **400 M**
Durée **2H00** Difficulté **V3**

Un parcours accessible techniquement qui permet de traverser le magnifique village de Mirmande et faire le tour des crêtes de Mallivert. Le circuit emprunte les pistes qui mènent au col de Papillière pour effectuer une jolie boucle en forêt.

Site FFC n°218 Val de Drôme, balisage n°7

Itinéraire

(160 m) Depuis le parking de l'église au pied du village, se diriger vers l'Ouest pour rejoindre la D204A. Prendre à gauche la route qui monte à l'église du XIIe siècle.

(1 : 240 m - 1 km) Après cette courte mais rude montée, au parking du haut, se diriger plein Sud sur la piste en direction de la citerne DFCI.

(2 : 350 m - 1,6 km) À la citerne, prendre la piste de gauche pour continuer sur le versant Nord de la colline. Rejoindre le col des Mures. Poursuivre cette piste versant Est qui finit par descendre jusqu'à la route.

(3 : 270 m - 5,6 km) Remonter à droite la route sur 800 m. Passer la maison et prendre à droite la piste pour remonter jusqu'au col de Papillière.

(4 : 462 m - 8,2 km) Depuis le col, descendre sur la piste en restant sur la droite aux croisements. On rejoint ainsi le point 2 au niveau de la citerne DFCI.

(5 : 350 m - 12 km) Reprendre la descente sur le single qui démarre juste à gauche de la citerne. Poursuivre ce sentier et rejoindre le parking de l'église du XIIe siècle au sommet du village. Démarrer la descente dans le village par la rue à gauche de l'église. Traverser les ruelles de ce magnifique village jusqu'à rejoindre le départ du circuit.

27. LE CIRQUE D'ARCHIANE

V3

Distance **20 KM** D+/D- **900 M**
Durée **3H00** Difficulté **V3**

Bien orientée au sud, cette boucle dans le cirque d'Archiane permet d'admirer ses magnifiques falaises. Le hameau homonyme mérite le détour et sera l'occasion d'une bonne pause avant d'attaquer la seconde montée. Les singles de descente sont très propres mais le second présente quelques épingles assez serrées, de quoi corser un peu la sortie.

Site FFC n°230 Pays Diois

Itinéraire

(636 m) De Menée, remonter la route en direction du col. Avant le village des Nonnières, au niveau du cimetière, prendre à gauche sur la piste. Continuer en direction de Bénevise jusqu'à rejoindre la route puis le village.

(1 : 1000 m - 6,3 km) Remonter dans le village et partir sur le GR93 sur une bonne piste. Remonter cette piste jusqu'à une petite épingle. Partir alors à gauche sur le sentier en balcon. Rejoindre le fond du vallon d'Archiane.

(2 : 740 m - 10 km) Partir à droite sur la route pour rejoindre le village. Au village, rester sur la gauche et descendre. Au bout de la route, partir sur la piste de gauche, sur le GR.

(3 : 740 m - 11,3 km) Avant le pont sur la rivière, continuer à suivre le GR pour remonter à droite sur une bonne piste. En haut, continuer sur une autre piste à gauche en direction du col de Menée. La piste se rétrécit et devient un single. Au ravin du Barri démarrer la descente en épingle pour rejoindre le village de départ – très joli single, très propre, mais avec quelques épingles assez sévères.

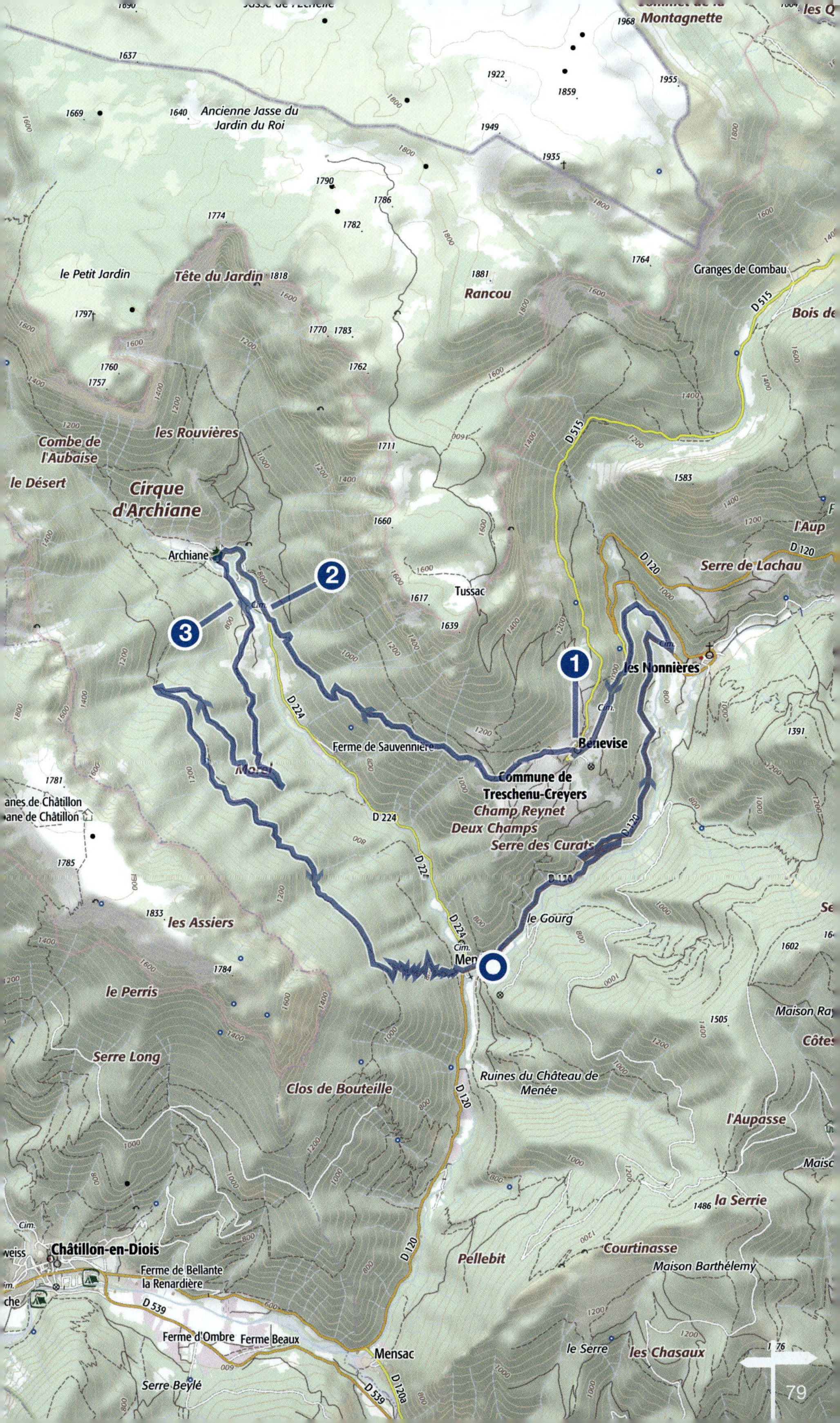
Montagnette
Ancienne Jasse du Jardin du Roi
le Petit Jardin
Tête du Jardin
Rancou
Granges de Combau
Bois de
D 515
Combe de l'Aubaise
les Rouvières
le Désert
Cirque d'Archiane
Archiane
Tussac
l'Aup
D 120
Serre de Lachau
1
2
3
les Nonnières
Benevise
Ferme de Sauvennière
D 224
Morel
Commune de Treschenu-Creyers
Champ Reynet
Deux Champs
Serre des Curats
le Gourg
Menée
les Assiers
le Perris
Serre Long
Clos de Bouteille
Ruines du Château de Menée
Maison Ray
l'Aupasse
la Serrie
Châtillon-en-Diois
Ferme de Bellante
la Renardière
D 539
Pellebit
Courtinasse
Maison Barthélemy
Ferme d'Ombre
Ferme Beaux
Mensac
le Serre
les Chasaux
Serre Beylé
D 120a

28. LE TOUR DES RUELLES

V3

Distance **28 KM** D+/D- **1000 M**
Durée **3H30** Difficulté **V3**

Partir sur les hauteurs et admirer le panorama sur le massif alpin, dévaler des pentes lisses en pleine forêt ou sur des singles rapides, croiser des animaux sauvages, faire une pause OBLIGATOIRE au Pas du Pousterlou, vous allez faire tout cela. Prenez votre temps, vous allez vous évader...

Site FFC n°230 Pays Diois

Itinéraire

(550 m) Prendre la direction de Die par la D61. Rouler 1,5 km avant de passer devant un hangar de distillerie. Au croisement d'après, bifurquer à gauche et grimper un chemin goudronné pour rejoindre la ferme de la Motte Vieille. Partir à gauche sur une piste qui contourne la colline, en suivant le balisage VTT n°9. Changer de décor puis arriver sur un plateau herbeux. Au carrefour de pistes, partir à droite et, à une petite bifurcation, ignorer la direction «Rottier» et «la Piarra» pour remonter par la gauche. Poursuivre au milieu de genêts, buis et pins avant d'arriver sur un grand champ, à une patte d'oie.

(1 : 920 m - 6,5 km) Prendre à droite, remonter légèrement puis dévaler la pente à flanc de colline et tomber au niveau de la ferme de la Valdoule. Virer à gauche puis, 50 m après, au niveau d'un énorme rocher, partir à gauche sur un chemin herbeux. Retrouver le balisage VTT n°9 et poursuivre jusqu'à un col. Prendre à gauche et filer dans la pente, au milieu d'une forêt de pins. Passer des lacets puis continuer sur la piste forestière jusqu'à une habitation. Passer un pont et rejoindre la D61. Bifurquer à gauche et traverser le village d'Establet. Rejoindre un poteau PDIPR, juste après le pont.

(2 : 775 m - 12,2 km) Prendre à gauche en direction du «Sueil». Grimper un chemin goudronné qui devient rapidement une piste. L'ascension nécessite un effort conséquent. Continuer toujours sur la piste principale, en suivant le balisage, et s'engager dans une combe, en pleine forêt. Se motiver encore un peu puis prolonger sur un sol plus roulant. Dépasser les ruines d'une ancienne bergerie et rejoindre finalement un carrefour, au niveau du poteau «Assotte». Une pause contemplative sur le Glandasse, le Dévoluy et d'autres montagnes des Alpes est à prévoir ...

(3 : 1249 m - 20 km) Partir à gauche en direction du «Pas du Pousterlou» en suivant le PR. Glisser tranquillement en restant sur le chemin le plus évident, toujours à droite. Se retrouver maintenant au Pas du Pousterlou et s'attarder sur place pour s'émerveiller sur les paysages. Descendre doucement jusqu'à «Rocher Barlet» et prendre la piste de gauche avant de bifurquer à droite, 500 plus loin, et de s'engager sur une piste balisée PR (et VTT n°9). Ça se rétrécit rapidement. La sente devient minérale, avec des passages techniques, et file au milieu des genêts et des pins. À la sortie du single, passer une barrière et traverser le champ droit dans la pente, toujours sur un PR. Suivre le balisage jaune et, après avoir dépasser l'altiport, passer une barrière et s'engager sur un beau single ludique et technique (Attention aux fils électriques des enclos pour animaux). Rejoindre une route puis partir à droite. Dans la courbe suivante, prendre la piste de gauche à plat puis, juste avant un pylône, virer à droite. Descendre ce PR très plaisant et rejoindre le village de la Motte-Chalencon.

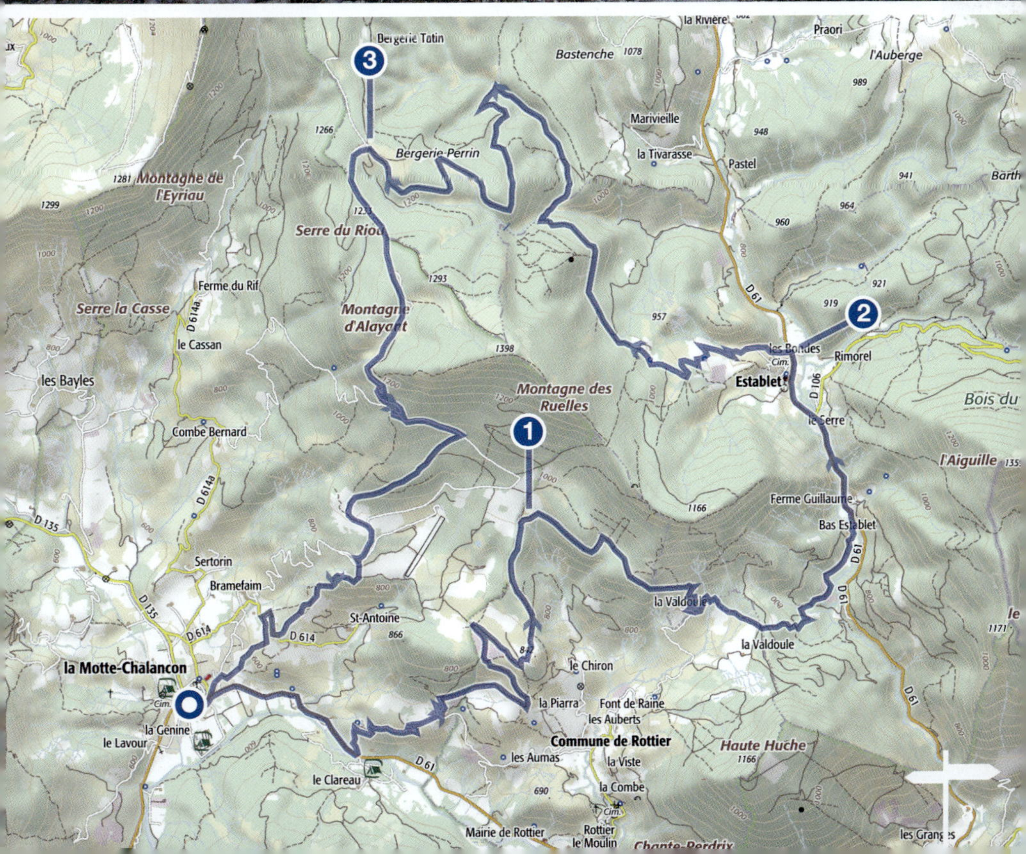

Bergerie Totin
Bastenche
la Rivière
Praori
l'Auberge
Marivieille
la Tivarasse
Pastel
Bergerie Perrin
Montagne de l'Eyriau
Serre du Riou
Montagne d'Alayort
Ferme du Rif
Serre la Casse
le Cassan
les Bayles
Combe Bernard
Montagne des Ruelles
les Bondes
Rimorel
Establet
le Serre
Bois du
l'Aiguille
Ferme Guillaume
Bas Establet
Sertorin
Bramefaim
St-Antoine
la Valdoule
la Motte-Chalancon
le Chiron
la Piarra
Font de Raine
les Auberts
la Genine
le Lavour
Commune de Rottier
Haute Huche
les Aumas
la Viste
le Clareau
la Combe
Mairie de Rottier
Rottier
le Moulin
Chante-Perdrix
les Granges
D 61
D 106
D 614
D 614a
D 135

29. TOUR DU MONT ROTI

V3+

Distance **12 KM** D+/D- **150 M**
Durée **1H30** Difficulté **V3+**

Un tracé qui parait sans prétention mais qui vous surprendra sûrement par la qualité de ses sentiers. Depuis la crête du mont Roti vous pourrez profiter d'une large vue sur la réserve naturelle des Ramières. Du haut de cette crête, prenez le temps d'essayer de deviner où le tracé vous mènera.

Site FFC n°218 Val de Drôme, balisage n°12

Itinéraire

(115 m) Partir vers le nord en empruntant la N7. Prendre la 4e route à droite, la D247 pour traverser Saint-Blaise.

(1 : 113 m - 1,5 km) Après la zone résidentielle, prendre à droite la montée des Tonnelières. Ensuite aller à gauche sur le chemin des Pierres. En rejoignant le goudron partir à droite. Au carrefour suivant prendre gauche puis à droite afin de s'engager sur le chemin de Souchon.

(2 : 165 m - 3,5 km) Arrivé au terminus du chemin de Souchon, prendre à droite. Passer la ferme et partir sur la deuxième piste à gauche qui démarre en longeant un petit muret. Rejoindre le verger. Faire le tour du verger pour rejoindre son coin Sud-Est ou l'on trouve un sentier. Ce sentier mène à un joli point de vue.

(3 : 210 m - 5 km) Continuer sur ce sentier qui surplombe la réserve naturelle des Ramières. Après une raide descente le long des vignes, on rejoint la route.

(4 : 131 m - 6,3 km) Se diriger à droite vers la D93A. Au Stop, faire un crochet gauche/droite sur la D93A pour s'engager sur le chemin de Chante-Perdrix. Passer le chemin de fer et continuer à gauche.

(5 : 130 m - 7,1 km) Au carrefour des Freydières continuer à droite vers «Livron par bord de Drôme» – tracé jaune. Le long de la Drôme, suivre les magnifiques portions de ce tracé jaune dans la réserve naturelle. On rejoint la N7.

(6 : 114 m - 11 km) Partir à droite sur la N7 vers le centre de Livron. Au feu, prendre la première à gauche puis à droite pour rejoindre au calme le parking de départ.

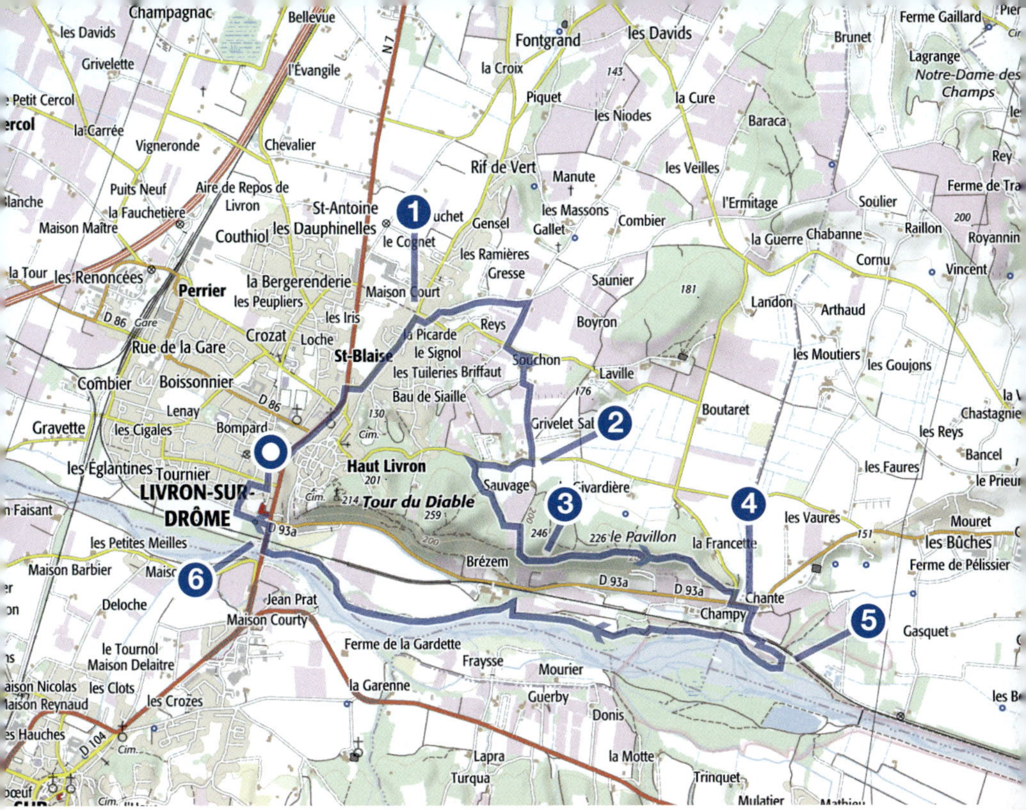
Champagnac
Bellevue
les Davids
Grivelette
Petit Cercol
la Carrée
Vigneronde
Chevalier
l'Évangile
N 7
Fontgrand
les Davids
la Croix
143
Piquet
la Cure
les Niodes
Baraca
Brunet
Ferme Gaillard
Lagrange
Notre-Dame des Champs
Rey
Ferme de Tra
Puits Neuf
Aire de Repos de Livron
la Fauchetière
Maison Maître
St-Antoine
les Dauphinelles
Couthiol
le Cognet
uchet
Gensel
Rif de Vert
Manute
les Massons
Gallet
Combier
les Veilles
l'Ermitage
Soulier
Raillon
200
Royannin
la Guerre
Chabanne
Cornu
Vincent
la Tour
les Renoncées
Perrier
la Bergerenderie
les Peupliers
Maison Court
les Ramières
Gresse
Saunier
181
Landon
Arthaud
D 86
Gare
les Iris
Crozat
Loche
St-Blaise
la Picarde
le Signol
Reys
Boyron
Souchon
les Moutiers
les Goujons
Rue de la Gare
les Tuileries Briffaut
Laville
Combier
Boissonnier
Bau de Siaille
176
D 86
Lenay
130
Grivelet Sal
Boutaret
Chastagnie
Gravette
les Cigales
Bompard
Cim.
les Reys
Bancel
les Églantines
Tournier
Haut Livron
201
Sauvage
Civardière
les Faures
le Prieur
LIVRON-SUR-DRÔME
Cim.
214
Tour du Diable
259
200
246
226
le Pavillon
les Vaures
151
Mouret
les Bûches
Faisant
D 93a
la Francette
Ferme de Pélissier
les Petites Meilles
Brézem
Maison Barbier
D 93a
D 93a
Chante
Deloche
Jean Prat
Champy
Gasquet
Maison Courty
Ferme de la Gardette
Fraysse
le Tournol
Maison Delaire
Mourier
Maison Nicolas
les Clots
la Garenne
Guerby
Maison Reynaud
les Crozes
Donis
les Hauches
D 104
Cim.
Lapra
la Motte
Turqua
Trinquet
Mulatier
1
2
3
4
5
6

30. CARABÈS

V3+

Distance **40 KM** D+/D- **1300 M**
Durée **5H00** Difficulté **V3+**

Une boucle grandiose qui vous fera passer aux sources de la grande Drôme paraissant ici encore bien petite. Le circuit alterne entre les sections sur pistes bien roulantes et les singles techniques ou exigeants physiquement. Vous prendrez un vrai plaisir à rouler sur les crêtes de la montagne de Dindaret. D'autant plus que la vue y est magnifique et à 360° !

Site FFC n°230 Pays Diois, balisage n°30

Itinéraire

(780 m) Du village emprunter la route du col de Carabès. Passer le pont des garants et prendre la première route à droite vers Chaylard.

(1 : 815 m - 1,7 km) Juste après le pont partir à gauche sur le single qui remonte rive gauche. Suivre ce sentier jusqu'à sortir de la forêt sur une aire de parking. Poursuivre en face sur la piste jusqu'à la route. Vous êtes aux sources de la Drôme situées au milieu du hameau – C'est une simple petite fontaine.

(2 : 1033 m - 6,2 km) Remonter la route jusqu'au col de Carabès. Au col partir vers l'Ouest sur une piste peu agréable et raide. Poursuivre sur le sentier qui suit en gardant la crête. Plusieurs sections nécessitent de pousser le vélo. Le sentier devient de plus en plus roulant et rejoint le col du Charron.

(3 : 1319 m - 13,2 km) Poursuivre sur la piste vers la gauche, plein Sud en direction de la station de Valdrôme. À la station, prendre la route à droite jusqu'au bout du parking.

(4 : 1330 m - 16,8 km) Poursuivre le circuit sur la piste peu marqué en direction de Pré Pourri – tracé jaune/rouge. Continuer sur la piste plein Ouest. On rejoint une

piste plus importante, la descendre et prendre le sentier à gauche dans l'épingle. Après une portion de single puis de chemin plus raide, on retrouve une piste. Continuer à gauche jusqu'à la source des Praux. Partir pour une nouvelle montée sur la piste en face. En haut, aux côtes d'Abrans, prendre le single à gauche qui rejoint le sommet.

(5 : 1527 m - 26,1 km) Continuer plein Ouest sur la crête. Pas toujours marqué il suffit de ne pas s'éloigner du fil. Au col de Bruis marqué par un panneau impossible à rater, partir à droite sur le chemin qui descend jusqu'à une barrière. La passer et poursuivre à droite.

(6 : 1133 m - 31 km) Passer une autre barrière et descendre à gauche sur la piste jusqu'à rejoindre la D106 venant de Valdrôme. Poursuivre en face sur la route jusqu'aux Bascoux.

(7 : 1142 m - 33 km) Au Bascoux, prendre le chemin herbeux à gauche sur 30 m. Puis à droite dans le champ en longeant la clôture. Au fond du champ on retrouve le chemin. Une petite montée permet de rejoindre la crête de Serre Marsin. Sur la droite, suivre son fil. En étant bloqué par la forêt, le chemin passe de l'autre coté de la clôture – tracé jaune peu visible. Suivre ce tracé jaune qui descend rapidement à gauche. La section du début est assez raide mais le sentier fini en balcon et mieux tracé. En bas traverser le cours d'eau et poursuivre directement à droite 30 m. On arrive sur une aire de parking, descendre alors à droite jusqu'à Valdrôme pour finir sur le goudron de la D106.

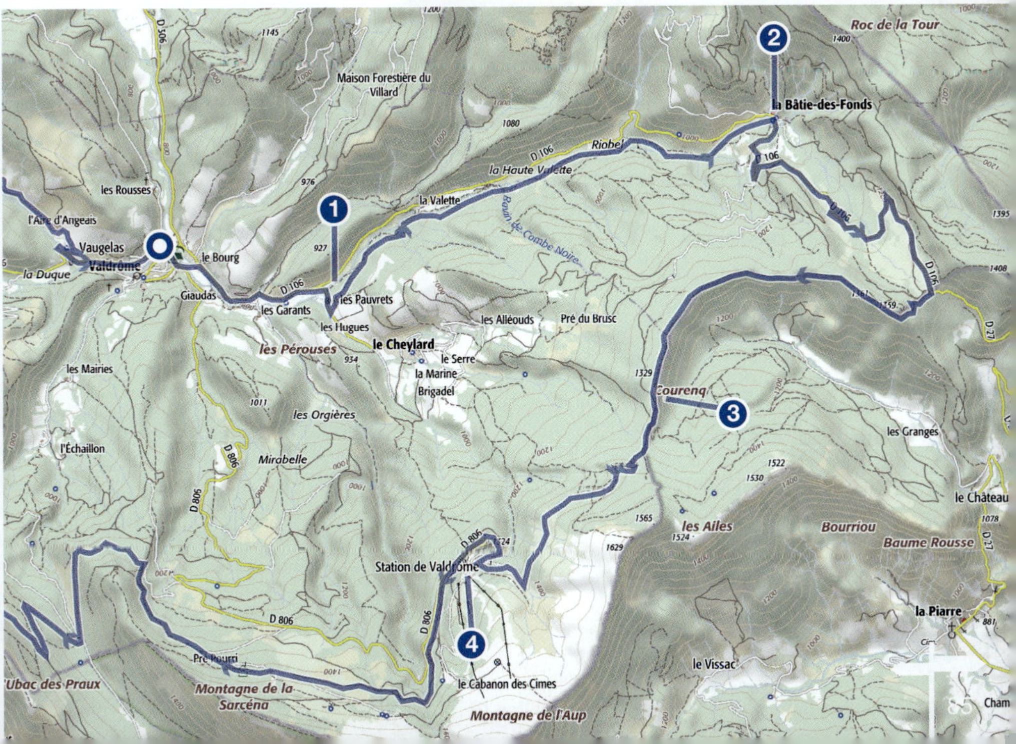

31. SAOÛ LE MULETIER

V4

Distance **17 KM** D+/D- **500 M**
Durée **3H00** Difficulté **V4**

Un circuit au coeur de la paisible forêt de Saoû. Au départ du village de Saou le circuit s'élève sur les balcons Sud pour offrir une jolie vue et un ensoleillement garantit ! À l'entre-saison, le contraste entre les versants sud ensoleillé et le givre du fond de vallon est saisissant !

Site FFC n°218 Val de Drôme, balisage n°2

Itinéraire

(330 m) Du village de Saoû, remonter la D136 jusqu'au pont du Pertuis. Continuer rive droite encore 100 m. Traverser la rivière.

(1 : 385 m - 2,8 km) Partir à droite sur le sentier bleu/orange. Rejoindre le champ. Le traverser et continuer en face pour remonter dans la forêt.

(2 : 450 m - 3,9 km) À la piste, monter à gauche sur celle-ci. La montée est longue mais bien roulante. Bien indiqué par un panneau, on rejoint ainsi le départ du chemin des muletiers.

(3 : 640 m - 7,6 km) Descendre ce chemin jusqu'à l'auberge des Dauphins – quelques sections techniques durant la descente. Prudence, cette descente est aussi fréquentée par des randonneurs à pieds. En bas sur la piste, partir à gauche sur 200 m.

(4 : 491 m - 9,3 km) Traverser alors le champ et continuer à droite sur le chemin assez large. Rejoindre le pont et continuer à monter sur la piste à gauche. Au lieu-dit les Clos, descendre à droite sur le tracé jaune.

(5 : 415 m - 13 km) Traverser la route pour poursuivre en face sur le petit sentier sous la ligne élèctrique. On rejoint ainsi le pont de Pertuis. Le traverser afin de poursuivre la descente sur la piste rive gauche.

(6 : 370 m - 15 km) Au pas de Lestang, prendre à droite le tracé jaune vers Saoû. En rejoignant la route, poursuivre à gauche puis rester sur la droite pour rejoindre le village de Saoû.

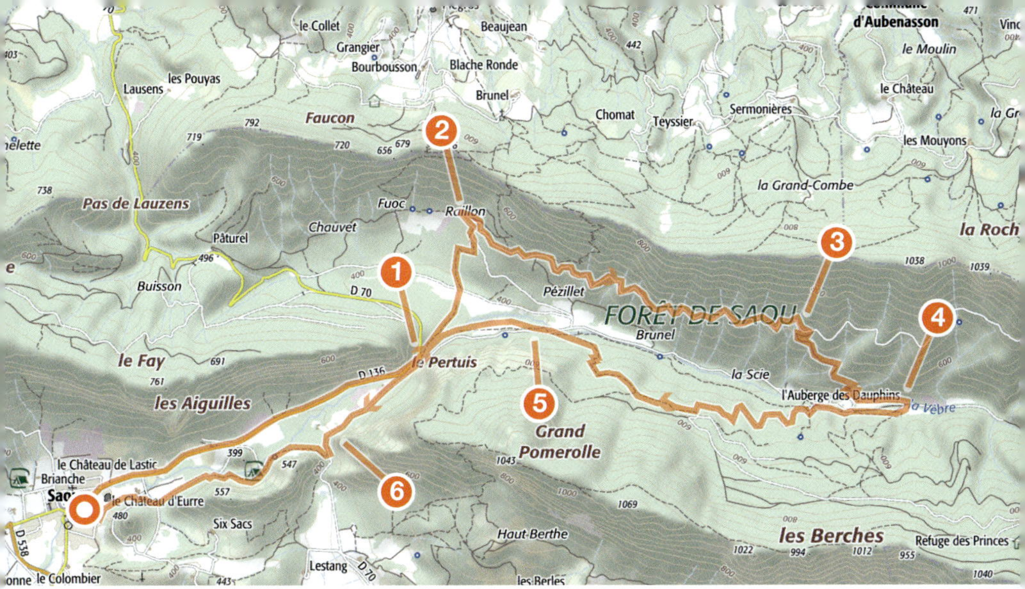

Info nature : *La forêt de Saoû. Acquise au titre de la politique des Espaces Naturels Sensibles, la forêt de Saoû est la plus vaste propriété du Département de la Drôme (2500 ha). « Site classé » dès 1942, reconnue d'intérêt européen dans le cadre de Natura 2000, elle est gérée selon les principes du développement durable en concertation avec les acteurs locaux.*

32. VAL BRIAN

V4

Distance **24 KM** D+/D- **400 M**
Durée **3H00** Difficulté **V4**

Depuis Grâne, le circuit descend au Sud jusqu'à la Pierre Sanglante. La suite du parcours vous permet de rejoindre Val Brian et de profitez de plusieurs jolies descentes. Le circuit est complexe ce qui rend l'orientation et le suivi du tracé peu évident. La boucle est variée et plaisante.

Site FFC n°218 Val de Drôme, balisage n°4

Itinéraire

(140 m) Rejoindre la D113 et la remonter. En haut, partir à droite pour descendre la route de Mazadout – elle devient rapidement une piste.

(1 : 171 m - 2,2 km) Juste avant de rejoindre la route, prendre à droite pour traverser la passerelle. Partir sur la piste de droite et 150 m plus loin démarrer la montée sur celle de gauche. Poursuivre cette piste dans la direction de Pierre Sanglante jusqu'en haut – tracé orange/bleu.

(2 : 400 m - 6,1 km) Au pseudo sommet, s'engager dans une petite descente et poursuivre la direction de Pierre Sanglante jusqu'au lieu-dit

(3 : 425 m - 7,2 km) Faire demi-tour en prenant à droite afin de rejoindre la piste. Partir à gauche et descendre. Passer le croisement à 386 m, 250 m plus loin ne pas rater la bifurcation du point 4.

(4 : 320 m - 8,8 km) Prendre la piste à droite en suivant la direction du Forillon. Passer le Forillon et rejoindre la route.

(5 : 390 m - 11,8 km) Poursuivre en face sur le chemin de Besse. Prendre rapidement à droite sur le sentier. Garder ce sentier sur un petit kilomètre pour rejoindre la route. Prendre à gauche la piste au niveau de la boite aux lettres du numéro 4170. Rejoindre le lieu-dit des Radisses. S'engager alors à droite dans la descente vers Val Brian – PR tracé jaune. Au fond du vallon suivre le balisage jaune qui monte à gauche quelques mètres.

(6 : 235 m - 15,7 km) Rejoindre la piste, remonter à gauche 150 m. Au niveau du poteau électrique partir sur le chemin de droite – toujours le balisage jaune. Suivre ce tracé et rejoindre la route. Descendre la route et ne pas rater la piste qui part à droite. Passer sous la route nationale.

(7 : 740 m - 19,2 km) Poursuivre en face sur la petite route. Après 2 virages, prendre à droite la petite route à travers champs – le chemin du Grand Alignement. Au bout du chemin partir à droite sur le chemin du Moulin. Au Stop, emprunter à gauche la zone d'arrêt et s'engager sur le single au bout. Longer ainsi la rivière rive gauche. Passer sous la nationale et prendre à droite pour rejoindre la route. Continuer à gauche du cimetière pour rejoindre le centre de Grane.

33. LA CHAPELLE DES SADOUX

V4

Distance **32 KM** D+/D- **1050 M**
Durée **3H30** Difficulté **V4**

Exigeant, joueur et vraiment plaisant. Voilà qui caractérisent les sentiers empruntés de Saillans jusqu'à la chapelle de Saidoux. La descente du col d'Espenel est fort raide et bien technique. Par temps humide c'est redoutable.

Site FFC n°73 Crestois Pays de Saillans Coeur de Drôme

Itinéraire

(270 m) Du centre de Saillans, se diriger vers Die. Rejoindre la nationale et prendre à droite. Passer au dessus de la nationale en empruntant l'échangeur de la D156.

(1 : 299 m - 1,8 km) Au premier carrefour, continuer tout droit sur la D776 - en direction de Chastel-Arnaud. Continuer jusqu'au terminus de la route.

(2 : 522 m - 7,1 km) Démarrer la montée sur la piste forestière du col de la Baume. Au col des Hérissons, prendre à droite le GR en direction de Chaudière - Jolie portion de single légèrement montante. En rejoignant la piste continuer à droite jusqu'au col de Chaudière.

(3 : 881 m - 12,3 km) Prendre à gauche sur 100 m. Juste avant le village prendre à gauche sur la piste forestière du col de la Baume. Au col partir à droite sur le single pour rejoindre la chapelle par le tracé jaune – La portion est technique et très plaisante. À la chapelle faire demi-tour pour remonter au précédent carrefour. Partir maintenant à droite jsuqu'au col de Faraud. Poursuivre le circuit en allant à gauche sur le sentier qui rejoint la piste. Rejoindre le col de la Baume sur la gauche.

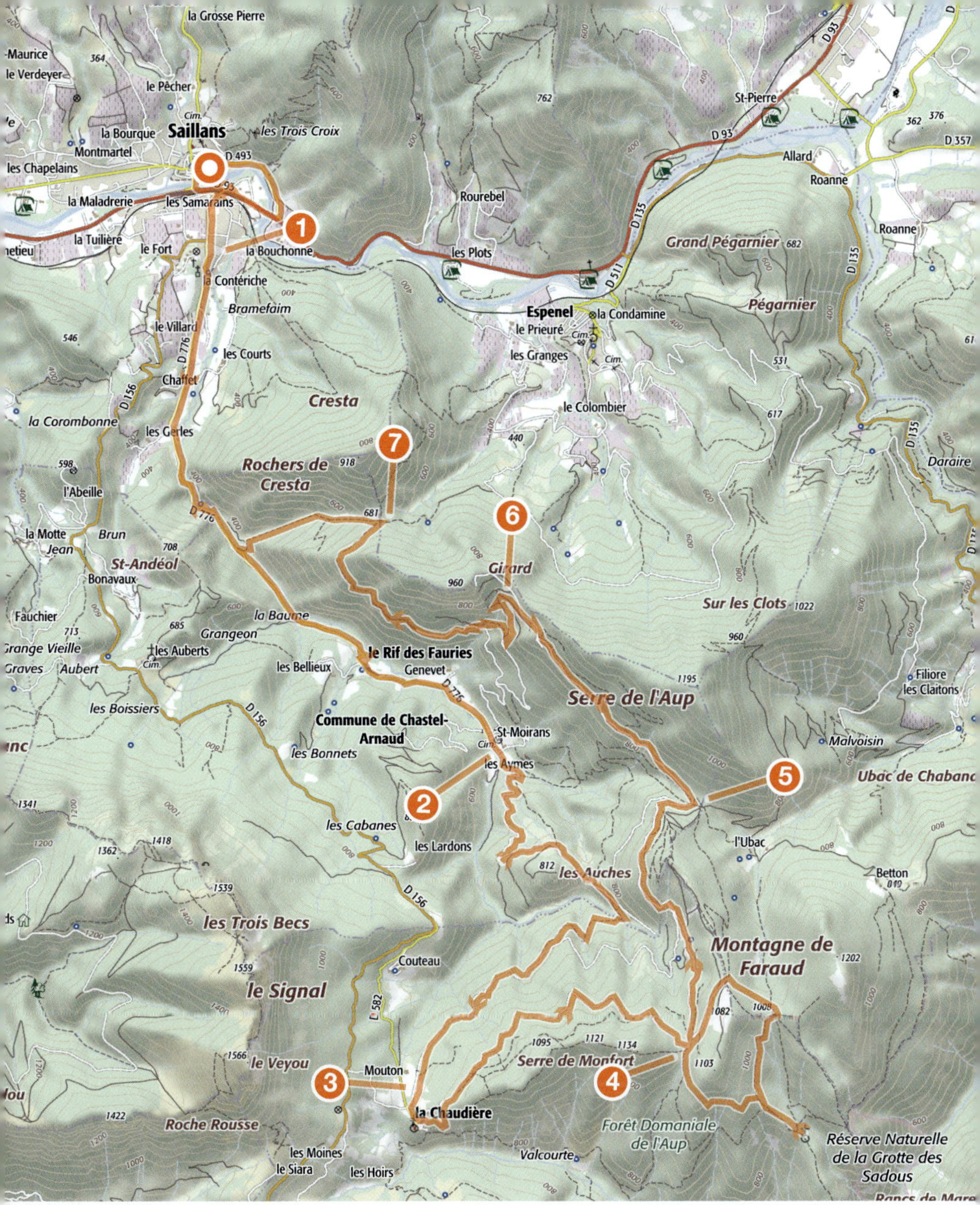

(4 : 1001 m - 15,3 km) Au col de la Baume, partir à droite sur la piste jusqu'au col de Perrier.

(5 : 840 m - 21,4 km) Au col de Perrier, continuer à rouler sur la piste en direction du col d'Espenel. La piste disparait et laisse place à un plus petit sentier. Continuer dessus en suivant le tracé jaune – la descente est un peu raide.

(6 : 720 m - 24,5 km) Rejoindre une piste peu marquée. Continuer le circuit sur la droite pour rejoindre le col d'Espenel par un joli single.

(7 : 684 m - 26,5 km) S'engager à gauche sur une descente franchement raide et technique. On rejoint ainsi le fond du vallon, partir sur la gauche pour rejoindre la route ascendante. Retourner à Saillans par cette route empruntée à la montée.

DRÔME PROVENÇALE

Ici, le climat tend à devenir méditerranéen. Pays de soleil et de douceur, une multitude de plaisir est à découvrir : olive et huile d'olive de Nyons, truffe noire du Tricastin, vins, ail, picodon, petit épeautre de Haute-Provence, nougat de Montélimar, miel, tilleul des Baronnies et bien évidemment lavande et lavandin. Egalement terre de production agricole, cerises et abricots raviront les papilles.

Il y aura bien sûr d'énormes contrastes entre la vallée du Rhône et les gorges encaissées à la limite est de la Drôme provençale.

À vous de choisir vos destinations.

34. LES CHEMINS DE LA SOIE

V1+

Distance **11 KM** D+/D- **130 M**
Durée **1H30** Difficulté **V1+**

Balade champêtre sans aucune difficulté pour petits et grands, dans un paysage de lavande, de vigne et de truffière. L'itinéraire sera peut-être ponctué de plus d'arrêts que prévus, en fonction des haltes souhaitées afin de découvrir un monument ou un point de vue. De retour, le village de Taulignan a encore des secrets à vous dévoiler.

Base FFCT Pays de Grignan, balisage n°10.

Itinéraire

(260 m) Du parking de la salle polyvalente, partir à gauche et se diriger vers le centre du village. Au STOP, prendre à droite puis à gauche au niveau de la patte d'oie. Passer devant les deux établissements bancaires et suivre cette rue jusqu'à se retrouver au niveau d'une porte de l'enceinte médiévale. Filer maintenant vers Nyons, par la D24, et emprunter le «Chemin Saint-Jacques» qui partira sur la gauche, juste après un virage. Suivre le balisage jaune tout en passant non loin d'une chapelle et, à la bifurcation suivante, virer à droite pour continuer sur le «Chemin Saint-Marcel». Arriver sur la D24. Attention aux véhicules, dans les 2 sens.

(1 : 293 m - 2,6 km) Prudemment, partir à droite sur 100 m puis basculer à gauche sur un chemin goudronné. Remonter légèrement avant de bifurquer à gauche, au croisement. Après une vigne, suivre le «Chemin des Blaches» par la droite. Tomber sur une piste et virer à gauche. Continuer tout droit jusqu'au chemin bitumé. Longer un champ de lavande sur une piste caillouteuse. Atteindre une bifurcation et virer à gauche, dans l'épingle. Descendre sur un chemin bucolique, au milieu de vignes et de lavandes, en ayant une vue panoramique sur le Mont Ventoux. Grimper légèrement le long d'un bois puis continuer sur un chemin goudronné jusqu'à un croisement, au niveau d'une vigne.

(2 : 260 m - 7 km) Prendre à droite et suivre ce chemin pendant 1 km environ. Tomber sur un croisement. Couper la petite route goudronnée et s'engager en face, le long des chênes. Descendre ensuite légèrement, avec des vignes de part et d'autre. Continuer tout droit jusqu'à rejoindre la D167. Etre prudent avant de traverser, cela peut être relativement dangereux. Suivre un sentier d'interprétation, «le Chemin de la Soie». Arrivé au niveau d'une route, virer à droite et rouler au milieu d'un cadre champêtre. Dépasser une belle propriété, ancienne usine de bobinage de soie. Rouler encore un peu avant d'arriver à une autre bâtisse puis, juste après le petit pont qui enjambe un ruisseau, partir à droite (un champ d'olivier sera à main gauche). Encore un petit kilomètre de goudron avant de rejoindre le point de départ. Ce sera ensuite le moment de flâner dans le village.

Info curiosité : *Le Musée de la Soie a pour but de sauvegarder et de mettre en valeur des objets traditionnels et des mécaniques anciennes qui retracent l'histoire de la soie du 18e au 20e siècle. Il permet aussi la transmission et la découverte, au grand public, du passé industriel de la soie dans la Drôme. www.musee-soie.com*

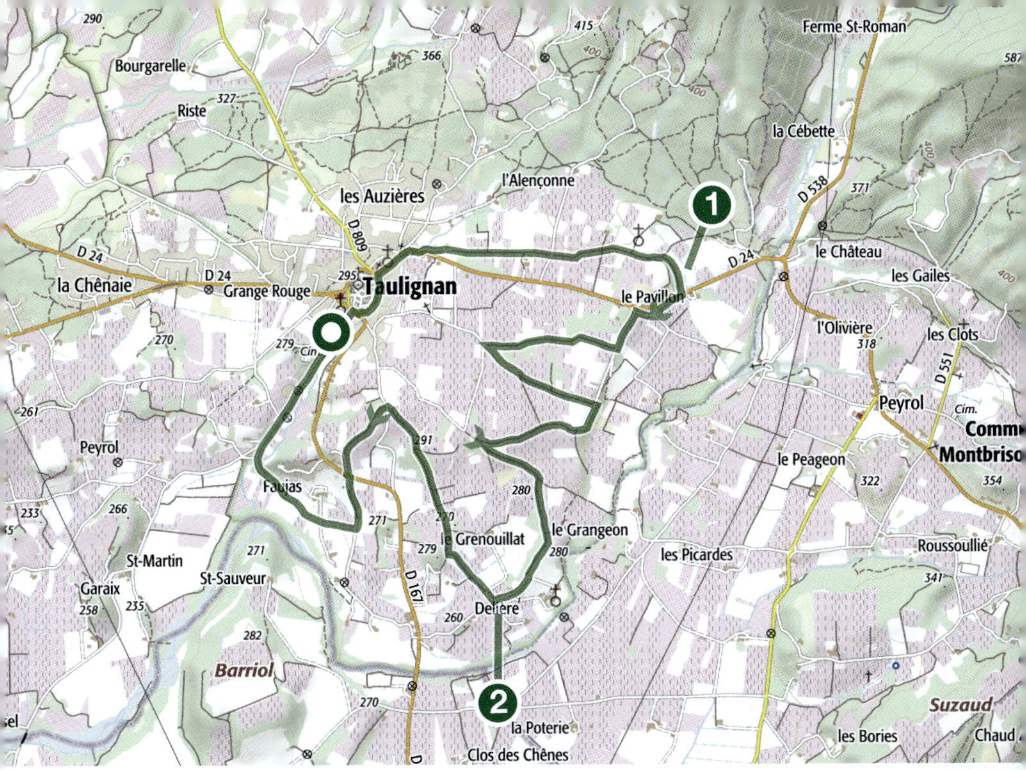
Ferme St-Roman
Bourgarelle
Riste
la Cébette
l'Alençonne
les Auzières
D 538
D 24
la Chênaie
Grange Rouge
Taulignan
D 809
le Pavillon
le Château
les Gailes
l'Olivière
les Clots
D 551
Peyrol
Cim.
le Peageon
Faujas
le Grenouillat
le Grangeon
les Picardes
Roussoullié
St-Martin
Garaix
St-Sauveur
D 167
Barriol
la Poterie
Clos des Chênes
Suzaud
les Bories
Chaud

35. CHÂTEAUNEUF-DE-MAZENC

V2-

Distance **12 KM** D+/D- **230 M**
Durée **1H30** Difficulté **V2-**

Ce circuit vous fait approcher des bois et des reliefs qui débutent à l'est de la Bégude. Il vous emmène ensuite dans le village médiéval, perché, de Châteauneuf-de-Mazenc, dont la vue imprenable vous fera découvrir les champs et les bâtisses de la plaine de la Valdaine. Des passages ludiques raviront même petits et grands.

Base FFCT Pays de Dieulefit, balisage n°2

Itinéraire

(215 m) Prendre la direction de Montélimar par la D540. Faire 600 m et tourner à droite vers Saint-Gervais sur Roubion. Longer des champs avant de s'engager à droite par le Chemin de la Piverdière. Apercevoir le village perché de Châteauneuf-de-Mazenc. Atteindre une petite route et, 50 m après, bifurquer à gauche et filer sur un chemin herbeux, à travers champ. Retrouver le goudron et prendre à gauche jusqu'à l'intersection suivante. Emprunter la piste carrossable qui part sur la droite puis sur un sentier pour arriver au poteau «Vermenon». De là, prendre à nouveau droite en restant sur la petite route jusqu'à «les Moulières». Monter à gauche et rejoindre la D9 (attention aux véhicules !).

(1 : 241 m - 5 km) Faire quelques mètres puis bifurquer à gauche et s'engager sur un sentier monotrace, pentu, en suivant le balisage. Rester sur le PR pour rejoindre le beau village de Châteauneuf-de-Mazenc, qu'il faudra traverser et bien sûr contempler. Redescendre jusqu'à une intersection, au poteau «Pierris», et continuer sur la gauche, dans la pente jusqu'à un croisement avec une petite route goudronnée et trouver le poteau «Perlonne». Grimper pour rejoindre un single ludique, balisé GRP, puis une petite route mènera à Souspierre, au niveau d'une chapelle rénovée. Se laisser glisser à droite, jusqu'à la D540.

(2 : 237 m - 10 km) Partir en face en direction de Combemont. La route goudronnée, balisée PR, est jalonnée de grands arbres, dans un cadre champêtre. Au poteau «les Mourettes», prendre à gauche le Chemin de Forillon. À l'intersection suivante, bifurquer à droite en suivant le PR qui mène à la Bégude-de-Mazenc. Passer devant le Centre de Secours, enjamber le Jabron et rejoindre tranquillement le parking de départ.

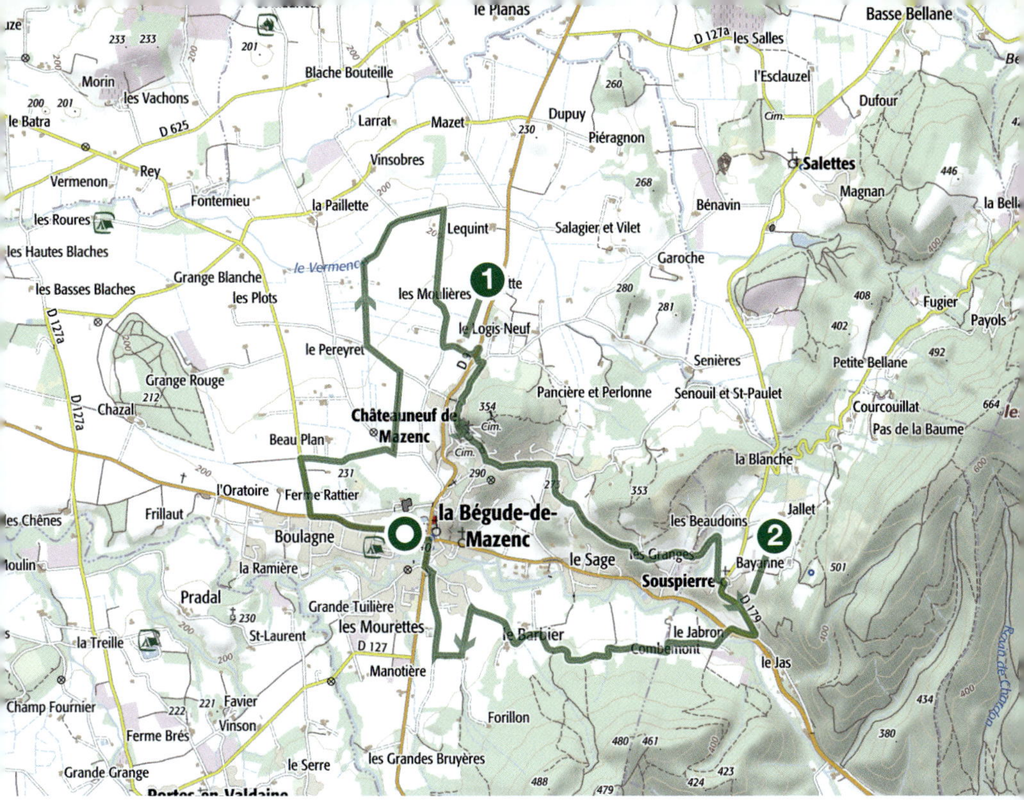
le Planas
Basse Bellane
D 127a
les Salles
l'Esclauzel
Dufour
Cim.
Salettes
Magnan
la Bell
446
Morin
les Vachons
le Batra
D 625
Vermenon
Rey
Fontemieu
Blache Bouteille
Larrat
Mazet
Vinsobres
la Paillette
Dupuy
Piéragnon
230
260
268
Bénavin
Lequint
Salagier et Vilet
Garoche
les Roures
les Hautes Blaches
les Basses Blaches
Grange Blanche
les Plots
le Vermenc
les Moulières
le Logis Neuf
280
281
408
402
Fugier
Payols
492
Petite Bellane
Senières
Senouil et St-Paulet
Pancière et Perlonne
le Pereyret
Grange Rouge
Chazal
212
D 127a
Châteauneuf de Mazenc
354
Cim.
Courcouillat
Pas de la Baume
664
Beau Plan
231
290
la Blanche
l'Oratoire
Ferme Rattier
Frillaut
les Chênes
Boulagne
la Bégude-de-Mazenc
353
les Beaudoins
Jallet
le Sage
les Granges
Souspierre
Bayanne
501
la Ramière
Pradal
230
Grande Tuilière
les Mourettes
D 127
St-Laurent
la Treille
le Barbier
le Jabron
Combemont
le Jas
D 179
Manotière
Champ Fournier
Favier
Vinson
Ferme Brès
Forillon
434
380
Grande Grange
le Serre
les Grandes Bruyères
488
479
480
461
424
423

36. D'UN BOURG À L'AUTRE

V2

Distance **13 KM** D+/D- **220 M**
Durée **1H30** Difficulté **V2**

Ce circuit vous mènera de Dieulefit au Poët-Laval, deux sites riches d'histoire. Prenez le temps d'y découvrir les traces des Hospitaliers, la vie et l'exil des Protestants du XVIe siècle ou d'y admirer les ruelles et édifices. Sur le parcours vous profiterez également d'une belle pinède avec son sentier très ludique.

Base FFCT Pays de Dieulefit, balisage n°5

Itinéraire

(375 m) De la Place de la Gare, prendre 2 fois à gauche et longer le Jabron pour rejoindre l'hôpital. Attaquer ensuite une côte pour tomber au niveau de la D638. Traverser et continuer sur une petite route, en suivant le balisage jaune et rouge, pour atteindre le poteau «Vitrouillères». Quitter le GRP pour se diriger vers le parking, à gauche. Profiter de la vue puis suivre le chemin carrossable. Dépasser une citerne et continuer sur un sentier plus étroit. Dans la descente qui s'ensuit, bien repérer le GR qui bifurquera à droite.

(1 : 410 m - 3,4 km) Le sentier va devenir très ludique, en sous-bois. Prolonger sur une piste, en restant fidèle au balisage pédestre ainsi qu'au balisage VTT n°5. À un petit pont, prendre à droite sur le chemin goudronné, le long d'un ruisseau. Après une grange, partir à gauche jusqu'à une croix. Apercevoir maintenant le vieux-village du Poët-Laval et se diriger vers ce dernier. Y déambuler ne sera pas une perte de temps ! Redescendre du vieux-village et, à la dernière habitation, bifurquer à gauche et filer sur un chemin herbeux. Continuer sur le «Chemin de la Condamine Haut» et rejoindre la D540.

(2 : 315 m - 7,3 km) L'emprunter à gauche sur 50 m environ et tourner à droite. Passer devant une ancienne poterie et rester sur la «Route des Hubacs». Monter jusqu'à «Estampes». De là, suivre cette route pittoresque et vallonnée jusqu'à un pont enjambant le Jabron, sans se poser de question d'orientation. En entrant dans Dieulefit, descendre à gauche et rejoindre la Place de la Gare.

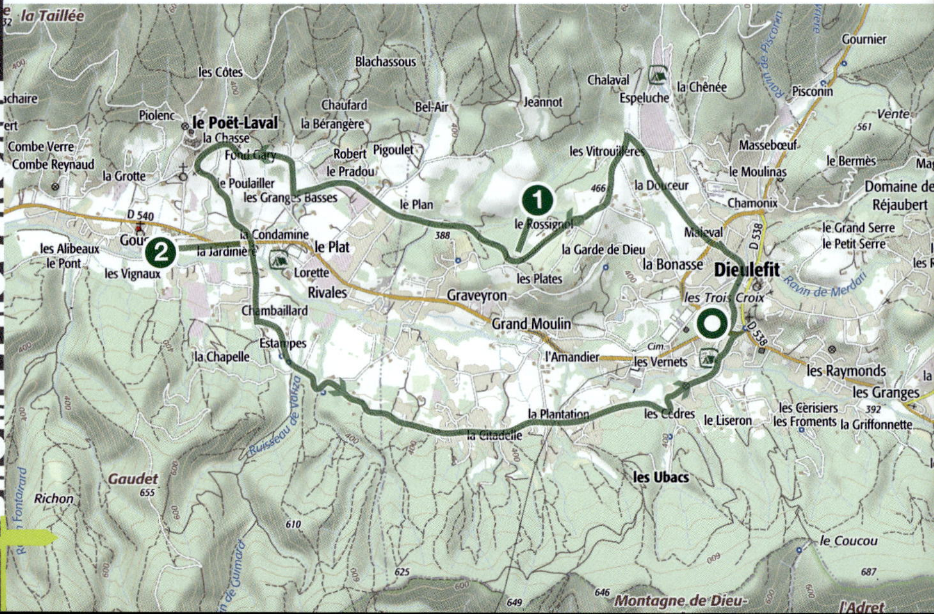

37. LAVANDES ET RABASSES

V2

Distance **19 KM** D+/D- **240 M**
Durée **2H00** Difficulté **V2**

Parfait pour une balade en famille, cet itinéraire part à la découverte d'un territoire plein de charme. Chênes et lavandes mais aussi beaux sentiers invitent à l'évasion.

Base FFCT Pays de Grignan, balisage n°2

Itinéraire

(191 m) Se diriger vers le centre historique de Grignan et faire le tour du village jusqu'à rejoindre la D541. Prendre la direction de Montélimar puis rapidement à gauche via le «Chemin du Paradis». Suivre le balisage VTT n°2, en bleu, durant la petite côte puis, au replat, bifurquer à droite par le «Chemin des Serres». Evoluer dans un cadre bucolique, toujours tout droit, jusqu'à un croisement, face à une ligne électrique. Partir à droite puis à gauche le long des vignes. Au bout de 500 m, face à des vignes, obliquer à droite et prolonger sur du goudron. Au croisement suivant, descendre à gauche par la piste et apercevoir la «Tour» de Chamaret, splendide vestige d'un château fortifié, bâti au 12° siècle. Rejoindre doucement le centre du village.

(1 : 183 m - 5 km) Filer plein Sud puis récupérer le «Chemin de la Rousselle» balisé jaune. Dans la courbe suivante, descendre par le chemin herbeux et longer un muret. Couper une route et suivre la piste qui contourne un bois puis bifurquer à droite et continuer toujours tout droit. Dépasser une belle propriété tout en restant fidèle au(x) balisage(s). Le chemin se rétrécit et devient très ludique. Longer un ruisseau puis enjamber une passerelle. Rester le long du ruisseau. Après un court passage technique, sortir du bois et récupérer une piste, qui deviendra ensuite goudronnée. Passer une vigne puis, au panneau annonciateur d'un STOP, bifurquer à droite. Rejoindre un chemin bitumé (le Chemin de Chomelles) et remonter vers le Nord en suivant le PR et le balisage VTT n°2, bleu. Rouler un peu plus d'1 km avant de tomber sur un croisement avec une piste qui partira à droite.

(2 : 159 m - 11 km) Suivre le chemin caillouteux puis s'engager dans le bois sur un agréable sentier. Retrouver le goudron et filer à droite. À la seconde intention, partir à gauche au milieu des habitations. Couper ensuite la D71 et filer en face. Toujours entouré de chênes, se rapprocher de Chamaret. Juste avant le panneau STOP qui donne sur la D71, filer à gauche et longer les contreforts d'un mur en pierres. À la route suivante, partir à gauche et dépasser un lavoir. Ensuite, filer à droite puis à gauche au croisement suivant. Rejoindre la D471 par un chemin caillouteux. Rouler 100 m avant de bifurquer à gauche, au milieu des champs. Atteindre un chemin goudronné puis continuer à droite jusqu'à rejoindre la D71.

(3 : 189 m - 15,8 km) S'engager sur le chemin goudronné en face, «Blaches de Meyer», et filer jusqu'à une croix. De là, continuer sur la gauche puis, 150 m après, emprunter le chemin qui partira sur la gauche. Juste après une clôture, bifurquer à droite et rejoindre une petite route. Continuer en face jusqu'à un croisement où il faudra prendre le chemin de droite, à 90°. Rejoindre un chemin goudronné, dépasser une aire pique-nique et s'arrêter quelques instants au site pittoresque de la Grotte de Rochecourbière. Poursuivre jusqu'à la D541 et apercevoir très nettement le Château de Grignan. Rester prudent en empruntant la départementale puis partir rapidement à gauche. Continuer entre 2 murets et, face à un champ, bifurquer à gauche. Longer ensuite la route et rejoindre la haie de tilleuls qui mènera à une chapelle et au parking de départ.

Info historique : *Le château de Grigan est qualifié de «Versailles du Midi». On retiendra également que la correspondance entre la comtesse de Grignan et sa mère, Mme de Sévigné, est sûrement la plus célèbre de la littérature française.*

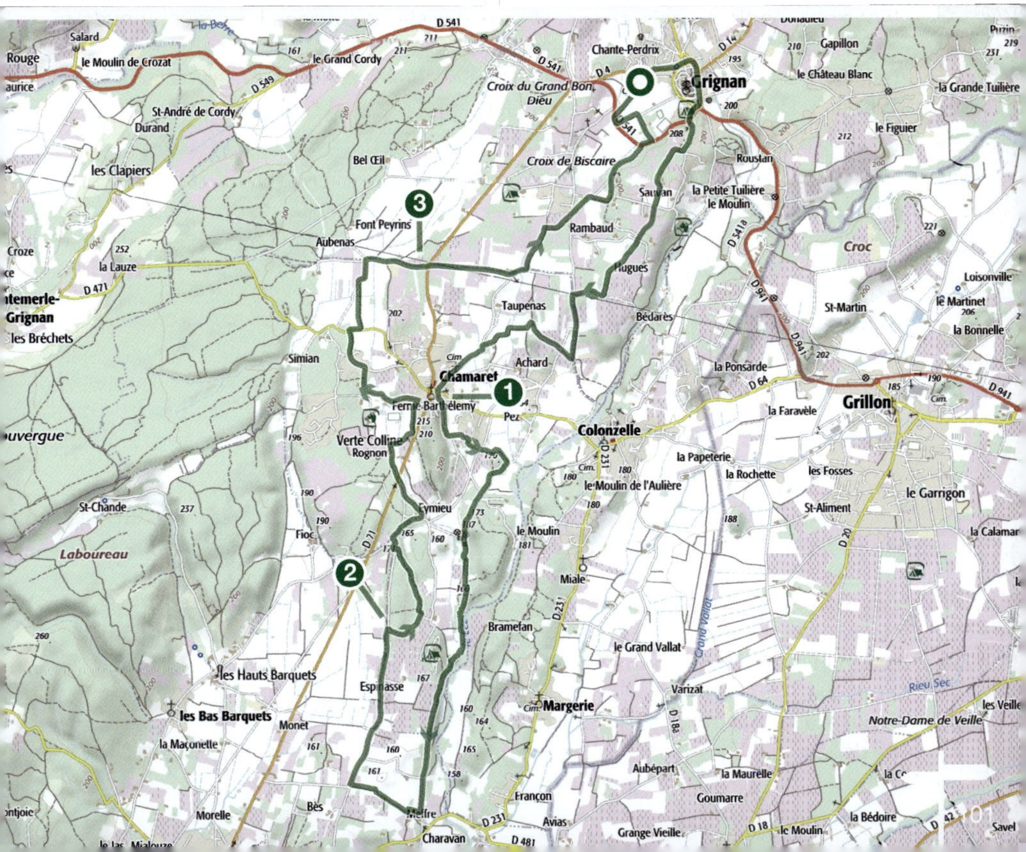

38. LE VAL DES NYMPHES

V2+

Distance **28 KM** D+/D- **400 M**
Durée **3H00** Difficulté **V2+**

Parcours pour amateurs de XC avec des singles qui virevoltent et des points de vue intéressants. Une visite est obligatoire au lieu mystérieux du Val des Nymphes. Il parait qu'elles apparaissent près des sources dès qu'un vététiste s'en approche. Chut, gardez-le pour vous...

Base FFCT de Tricastin, balisage n°12

Itinéraire

(97 m) Partir à droite en faisant le tour du Centre Ancien de Saint-Paul-Trois-Châteaux. S'engager ensuite à droite, dans une ruelle. Déboucher sur une roubine puis virer à gauche pour rejoindre un rond-point. Prendre la 3e sortie et continuer sur le «Chemin des Fayettes». Le suivre sans se poser de question d'orientation sur un peu plus de 2 km. Passer sous la ligne haute tension et bifurquer à droite tout en longeant un mur en pierres. Dépasser une ferme et s'engager sur le PR qui partira sur la gauche, entre les arbres. Traverser le bois jusqu'à un carrefour de chemins, en T. Virer à gauche et finir par rejoindre un croisement.

(1 : 115 m - 4,8 km) Partir à gauche et, 700 m plus loin, prendre un chemin à droite puis presque immédiatement à gauche. Suivre fidèlement cette piste, roulante, pour contourner la colline et finir par arriver sur une route. Bifurquer à gauche et, au bout de 200 m, remonter un chemin en épingle, légèrement caillouteux. Tourner à gauche, à la seconde intersection, et filer plein ouest en direction du village de la Garde-Adhémar. Flâner entre les ruelles pavées et découvrir la beauté des lieux. En ressortir et atteindre une croix dans un virage en épingle. S'engager sur le «Chemin des Rochets», sur la droite, et continuer toujours tout droit jusqu'à rejoindre une patte d'oie.

(2 : 175 m - 13 km) Partir à gauche et filer sur un chemin au milieu des la forêt, à flanc de colline. Attaquer ensuite une côte et finir par rejoindre un croisement. Prendre à gauche puis encore à gauche le premier chemin qui se présente. Ça monte doucement puis on arrive sur un espace clairsemé. Remonter sur le plateau boisé et suivre le balisage à travers la forêt et atterrir finalement sur une route, près d'un parking.

(3 : 156 m - 19,8 km) Partir à droite et prendre un peu de temps pour s'imprégner du lieu magique et enveloppé de mystères du Val des Nymphes et de sa chapelle. De retour au parking, au poteau «Val des Nymphes-Sud», prendre à droite en direction des «Cuves Lapidaires» en cheminant sur des monotraces ludiques. Suivre le PR tout en redescendant la colline, via quelques passages pierreux. Récupérer un passage effectué à l'aller et, à la route goudronnée, se laisser glisser à droite et atteindre un croisement, au niveau d'un STOP.

(4 : 91 m - 22,8 km) S'engager sur le chemin carrossable en face et rouler au milieu de champs. Pénétrer ensuite dans les bois puis côtoyer des vignes. Une descente mènera à une route. Prendre à droite puis basculer rapidement à gauche pour longer une vigne et un cours d'eau. Passer sous la ligne haute tension et filer toujours tout droit pour rejoindre Saint-Paul. Contourner le centre historique et rejoindre finalement le parking de départ.

la Tuilerie
le Travers
D 549
Fangeras
Bois
2
Sauveton
Gamet
186
Pigière
Aire de Repos de Pierrelatte
Salvador
les Blaches
Chabanas
D 133
Canal de Donzère Mondragon
Autoroute du Soleil
216
Boudon
le Mamarteau
les Montjars
3
St-Joseph
Cordel
la Garde-Adhémar
la Glacière
les Sibarots
Magne
D 472
173
350
Mas de la Côte
les Borias
130
St-Germain
les Grèses
les Roches
D 158
174
1
le Colombier
la Gandoise
D 458
l'Euse
D 358
266
la Montag
la Rabaste
la Cicarde
Gaspardon
4
de la Graille
Chaix
115
200
152
261
les Fayettes
les Écharavelles
Canal de Donzère-Mondragon
198
les Évignols
Clansayes
254
199
232
ne Industrielle des Malalonnes
D 59
136
137
les Fouges
les Planchettes
A7
les Bouloussards
le Rieu
180
164
142
les Genestes
265
111
146
116
le Pouzerat
247
224
Cité 3
la Dévalade
Piè Joux
142
171
222
la Décelle
110
Barbière
le Fonfreide
St-Vincent
D 59a
les Miégesolles
200
ST-PAUL-TROIS-CHÂTEAUX
les Marrons
196
St-Paulet
152
145
les Moulins
les Fouges
Cim.
236
Montélit
Montmeyras
la Valette

39. LA FORÊT DE MARSANNE

V2+

Distance	**24 KM**	D+/D-	**750 M**
Durée	**3H00**	Difficulté	**V2+**

Du site médiéval de Marsanne, partez à la découverte de cette forêt qui compte de nombreuses espèces animales et végétales remarquables (les orchidées sont interdites à la cueillette). C'est l'une des plus anciennes forêts communales de France. Charme assuré. De retour, s'attarder obligatoirement dans le village.

Itinéraire

(261 m) De la mairie de Marsanne, prendre la D57 en direction de Mirmande tout en commençant par s'échauffer dans la côte. Au second lacet, au niveau d'une tour en ruine, atteindre le poteau «Saint-Félix». Profiter de la vue sur le Vercors et sur la plaine de la Valdaine avant de s'engager sur la piste balisée en direction de «la Pierre Sanglante». Rouler à flanc de colline et tester éventuellement les bancs à disposition afin d'observer le panorama. Atteindre enfin la Col de la Pierre Sanglante. Les curieux pourront s'engager sur le PR qui mène à la Pierre Sanglante (aller-retour : 200 m).

(1 : 443 m - 7,1 km) Monter à gauche en direction de «Darne» tout en suivant le balisage jaune. Passer ensuite le poteau «Les Trois Croix» en prenant le parc éolien pour azimut. Plus loin suivre le balisage jaune qui part sur la droite et qui finit par descendre au milieu des bois. Rester fidèle au PR en filant à droite, sur sentier forestier, dans un cadre très bucolique. Rejoindre finalement la «Fontaine du Faux», petite source aménagée au pied d'un gros hêtre.

(2 : 413 m - 11,5 km) Attaquer la côte en direction du «Col de la Grande Limite». Il sera possible de devoir pousser le vélo sur quelques dizaines de mètres. Suivre le single au milieu de la forêt tout en se rapprochant des éoliennes. Ce monotrace redescend ensuite, de façon ludique, jusqu'à la D57, au col. Partir en face en suivant le PR puis rejoindre une large piste afin d'atteindre le «Gros Fayard», au niveau d'un carrefour. Quitter la piste principale et prendre un sentier parallèle sur la droite pour se diriger vers «Borne Rousse». Le single est fantastique à rouler, avec des passages sous un «tunnel» de buis. Après un court passage technique, tomber au niveau de la Borne Rousse avec une vue dégagée sur la Vallée du Rhône.

(3 : 490 m - 17,3 km) Quitter la crête pour descendre à gauche sur la piste. À l'embranchement suivant, filer à droite en direction du «Creux des Alexis» et du «Serre du Merle». Passer une barrière et suivre la piste qui grimpe. Suivre maintenant l'indication «Serre de Paruel» en restant sur le balisage jaune. Au poteau, virer à droite et s'engager sur un single en direction de Marsanne. Filer sous un tunnel de buis et prendre du plaisir dans la descente avant de rejoindre l'arbre à palabre puis le parking du village.

Info curiosité : *La Pierre Sanglante est le point de rencontre de 3 communes, 3 cantons et, dans le passé, 3 cités romaines, puis 3 évêchés et 3 seigneuries. Cette pierre, déjà mentionnée dans un document de 1286, présente une surface alvéolée et rougeoyante qui a fait naître de nombreuses légendes : sacrifices humains des Celtes, exécutions de prisonniers par les Sarrasins (Maures) etc.... On montre même l'emplacement du genou et de la main des suppliciés.*

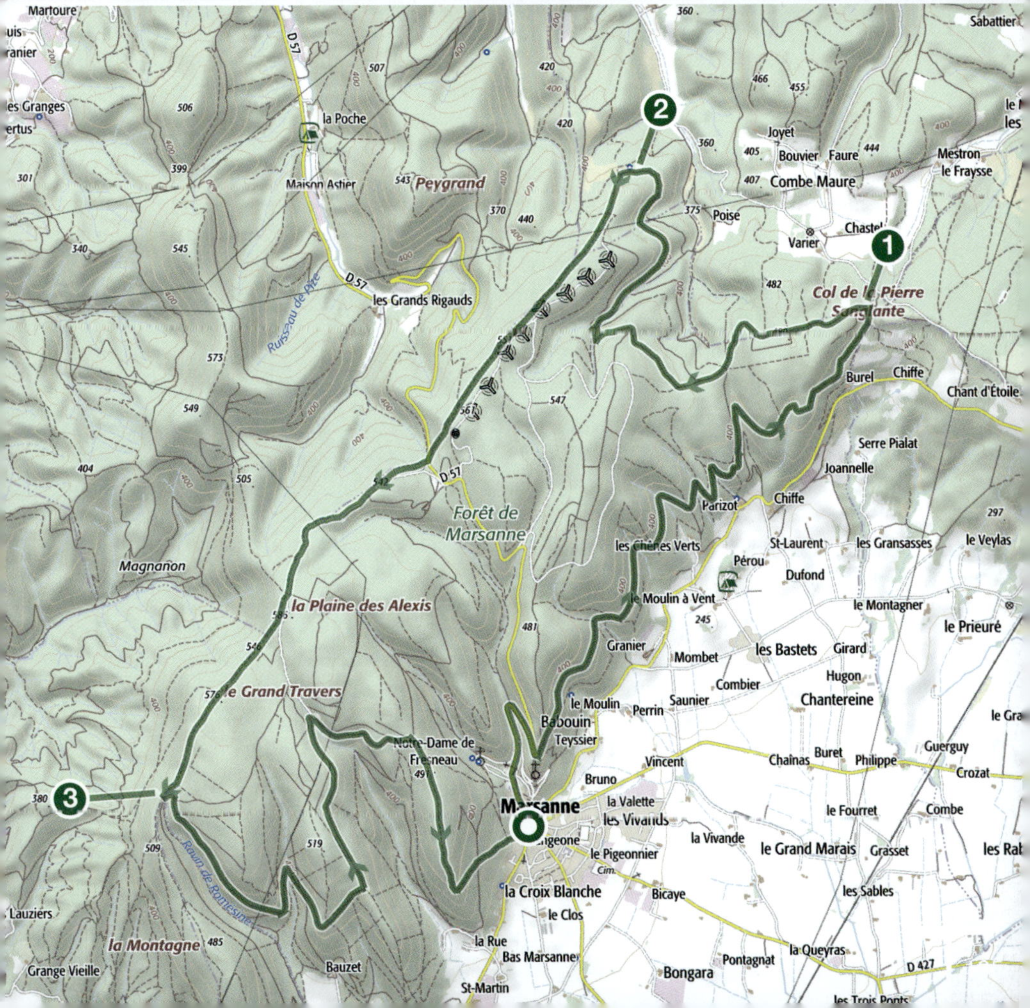

Martoure
Sabattier
D 57
la Poche
les Granges
Peygrand
Maison Astier
Joyet
Bouvier
Faure
Mestron
le Fraysse
Combe Maure
Poise
Chastel
Varier
Col de la Pierre Sanglante
les Grands Rigauds
Ruisseau de Pize
Burel
Chiffe
Chant d'Étoile
Serre Pialat
Joannelle
Parizot
Chiffe
Forêt de Marsanne
Magnañon
les Chênes Verts
St-Laurent
les Gransasses
le Veylas
Pérou
Dufond
la Plaine des Alexis
le Moulin à Vent
le Montagner
le Prieuré
Granier
Mombet
les Bastets
Girard
Hugon
Combier
Chantereine
le Grand Travers
le Moulin
Perrin
Saunier
Babouin
Teyssier
Notre-Dame de Fresneau
Vincent
Chaînas
Buret
Philippe
Guerguy
Crozat
Bruno
Marsanne
la Valette
les Vivands
le Fourret
Combe
la Vivande
le Grand Marais
Grasset
le Pigeonnier
la Croix Blanche
Bicaye
les Sables
le Clos
Lauziers
la Montagne
la Rue
Bas Marsanne
Pontagnat
la Queyras
Grange Vieille
Bauzet
St-Martin
Bongara
D 427
les Trois Ponts

40. LA CROISÉE DES CHEMINS

V2+

Distance **32 KM** D+/D- **400 M**
Durée **3H00** Difficulté **V2+**

Ce parcours est idéal pour qui veut découvrir ce territoire ensoleillé entre chênaies (truffières ou non) et lavandes, sur pistes ou sentes ludiques. La découverte de villages au passé médiéval encore présent se fait au fil de l'eau, de collines en collines. N'hésitez vraiment pas à les découvrir avant, pendant ou après ce beau périple.

Base FFCT Pays de Grignan, balisage n°9

Itinéraire

(183 m) Filer plein sud puis récupérer le «Chemin de la Rousselle» balisé jaune. Dans la courbe suivante, descendre par le chemin herbeux et longer un muret. Couper une route et suivre la piste qui contourne un bois puis bifurquer à droite et continuer toujours tout droit. Dépasser une belle propriété tout en restant fidèle au(x) balisage(s). Le chemin se rétrécit et devient très ludique. Longer un ruisseau puis enjamber une passerelle. Rester le long de ce ruisseau. Après un court passage technique, sortir du bois et récupérer une piste, qui deviendra ensuite goudronnée. Passer une vigne puis, au panneau annonciateur d'un STOP, bifurquer à droite. Rejoindre un chemin bitumé (le Chemin de Chomelles) et continuer tout droit, sur 400 m, puis virer à gauche. Longer des chênes pour arriver sur la départementale.

(1 : 130 m - 6 km) Prendre à gauche puis rapidement à droite, le «Chemin de Mafanguet». Faire 50 m avant de s'engager sur le chemin qui part également sur la droite. Le suivre fidèlement au gré des bifurcations jusqu'à rejoindre une habitation. De là, virer à droite sur une piste au milieu des bois. Prendre ensuite le premier chemin qui part à droite, plein ouest, et longer des champs pour arriver au pied de Montségur. Couper la départementale et s'engager sur la piste carrossable. Récupérer une portion goudronnée et rejoindre une croix, à un carrefour. Partir à droite, remonter cette petite route et atteindre un croisement, au niveau des remparts médiévaux. Contourner par la droite, et redescendre sous les vestiges. Traverser ensuite un lotissement et s'engager sur le «Chemin de Clauzonne». Filer tout droit, longer une chêneraie et filer toujours tout droit jusqu'à croiser une route, face à un beau mur en pierres. Glisser à droite et rejoindre tranquillement le village de Solérieux.

(2 : 116 m - 13,3 km) Prendre la «Rue du Lavoir» pour sortir du village, couper la départementale et, 100 m après, s'engager sur un chemin qui part à droite. S'engager à nouveau à droite, sur le premier sentier rencontré, et filer presque à plat. Se rapprocher de la route puis traverser un zone d'habitations. Continuer sur un chemin bucolique avant d'atteindre une portion goudronnée. Partir à gauche et attaquer une côte, à travers bois. Finir par arriver sur une petite route, face à une propriété et un champ de lavande. La suivre, en partant à gauche, sur près de 500 m et, juste avant une légère courbe, s'engager sur le monotrace qui file sur la droite, entre des chênes. Continuer tout droit, couper une route observer le village de Clansayes, sur son promontoire, et s'engager sur un single en suivant l'indication du poteau PDIPR. Rester fidèle au balisage, lorsqu'il est visible, et filer sur un beau sentier minéral pour arriver enfin au pied du village, après avoir dépassé le cimetière.

(3 : 235 m - 20,1 km) Remonter la départementale sur 1 km avant de tomber sur une croix, au niveau d'une patte d'oie. Suivre la route de droite puis bifurquer à gauche en empruntant l'Ancien Chemin de Chantemerle. Le suivre, en longeant un bois, puis atterrir sur une piste. Prendre à gauche puis à droite et continuer sur le chemin

carrossable jusqu'à un carrefour, au niveau d'un champ de lavande. Filer à droite, plein est. Ça descend doucement, au milieu de la forêt. Passer un carrefour à 4 chemins et faire 200 m avant de bifurquer à droite. S'enfoncer dans le bois, sur un beau sentier, et effectuer de belles relances jusqu'à rejoindre une piste, face à une forêt clairsemée (dû aux travaux forestiers).

(4 : 270 m - 26,8 km) Partir maintenant à droite sans trop forcer sur le pédalage et bifurquer à gauche (700 m après) pour continuer sur une piste, en légère pente. Ça va ensuite décliner de plus en plus, durant 2 km environ, avant de rejoindre une route. Prendre à droite puis encore à droite au croisement suivant. Traverser un lotissement et retrouver un balisage jaune. Prendre la Tour de Chamaret pour azimut et rejoindre le village pour finir ce parcours.

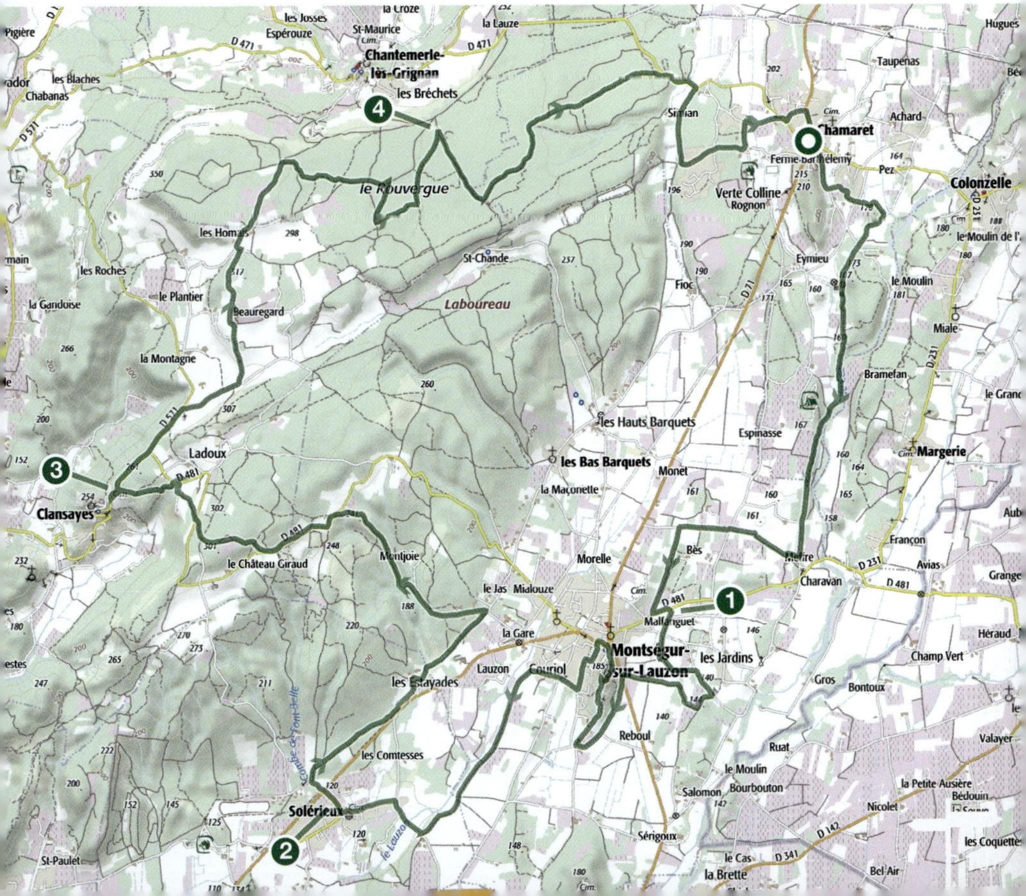

41. LA FONTAINE DE CHARROUX

V3

Distance **26 KM** D+/D- **900 M**
Durée **3H00** Difficulté **V3**

Au départ du village fortifié de Taulignan, partez rejoindre les hauteurs dans une ambiance provençale et sur sentier minéral. Un splendide monotrace, en balcon, mènera ensuite au col de la Croix. Après, la descente deviendra ludique en direction de la fontaine de Charroux. La suite sera un peu plus tumultueuse pour les suspensions avant un final qui pourra être très rapide.

Base FFCT Pays de Grignan, balisage n°12

Itinéraire

(269 m) Du parking, contourner l'enceinte fortifiée du village et prendre la direction de Nyons, par la D24. Dépasser un temple protestant puis, à l'intersection suivante au niveau d'une croix, partir à gauche et emprunter le «Chemin de Fachet». Retrouver un poteau du PDIPR et suivre la direction du «Col de la Croix» en se fiant au balisage jaune. Quitter le goudron et s'engager sur un chemin caillouteux, en face. S'échauffer pendant l'ascension et en profiter pour observer les environs et humer les senteurs provençales. Le trait jaune PR, tantôt au sol tantôt marqué sur des arbres, sera à suivre fidèlement. Suivre la piste qui partira à gauche et tranquillement jusqu'à un croisement 800 m plus loin.

(1 : 350 m - 3,2 km) Remonter la piste jusqu'à une patte d'oie et choisir le chemin de droite. Longer un cours d'eau et prendre doucement de l'altitude. Rejoindre une piste plus large et virer complètement à droite pour dévaler la pente. Le sentier se rétrécit et permet de prendre de la vitesse. Remonter, redescendre puis remonter à nouveau sur une piste minérale, au milieu des bois. Atteindre un petit croisement.

(2 : 630 m - 13 km) Basculer à droite et lâcher à nouveau les freins dans la pente qui surplombe un vallon. Finir sa course tout près d'une zone dépourvue d'arbres puis

grimper à gauche sur une belle piste et finir par se retrouver sur la ligne de crête. Du poteau «Serre Pigière», filer sur un single enchanteur en direction de «Sous le Col». Observer le panorama tout le long tout en restant attentif. Remonter ensuite vers le «Col de la Croix». Il sera possible de devoir pousser pour atteindre l'endroit.

(3 : 671 m - 18,6 km) Après s'être rendu compte qu'il n'y avait pas de croix, suivre le balisage en direction de «Fachet». Le sentier, en terre, est très ludique et tournoiera entre les feuillus. Surplomber un vallon et arriver à la Fontaine de Charroux, relativement discrète. Dévaler maintenant la pente sur un parterre de feuilles. Par la suite, la présence de pierres sera un peu plus gênante. Continuer tout droit jusqu'à rejoindre le point 1. Reprendre le cheminement effectué à l'aller et en profiter pour observer encore le beau panorama offert. Retourner tranquillement à Taulignan.

Hébergement à ne pas manquer : *Bienvenue à L'Adret à La Roche-Saint-Secret-Béconne dans un cadre idyllique. Nous vous accueillons dans nos chambres d'hôtes ou notre gîte d'étape à l'esprit résolument contemporain. Piscine, jacuzzi, billard, terrain de boules sont à votre disposition gratuitement. Table d'hôtes avec produits frais de la région. Nous parlons aussi anglais, allemand et luxembourgeois ! Réservations au 06 43 81 94 28 ou www.mas-ladret.com*

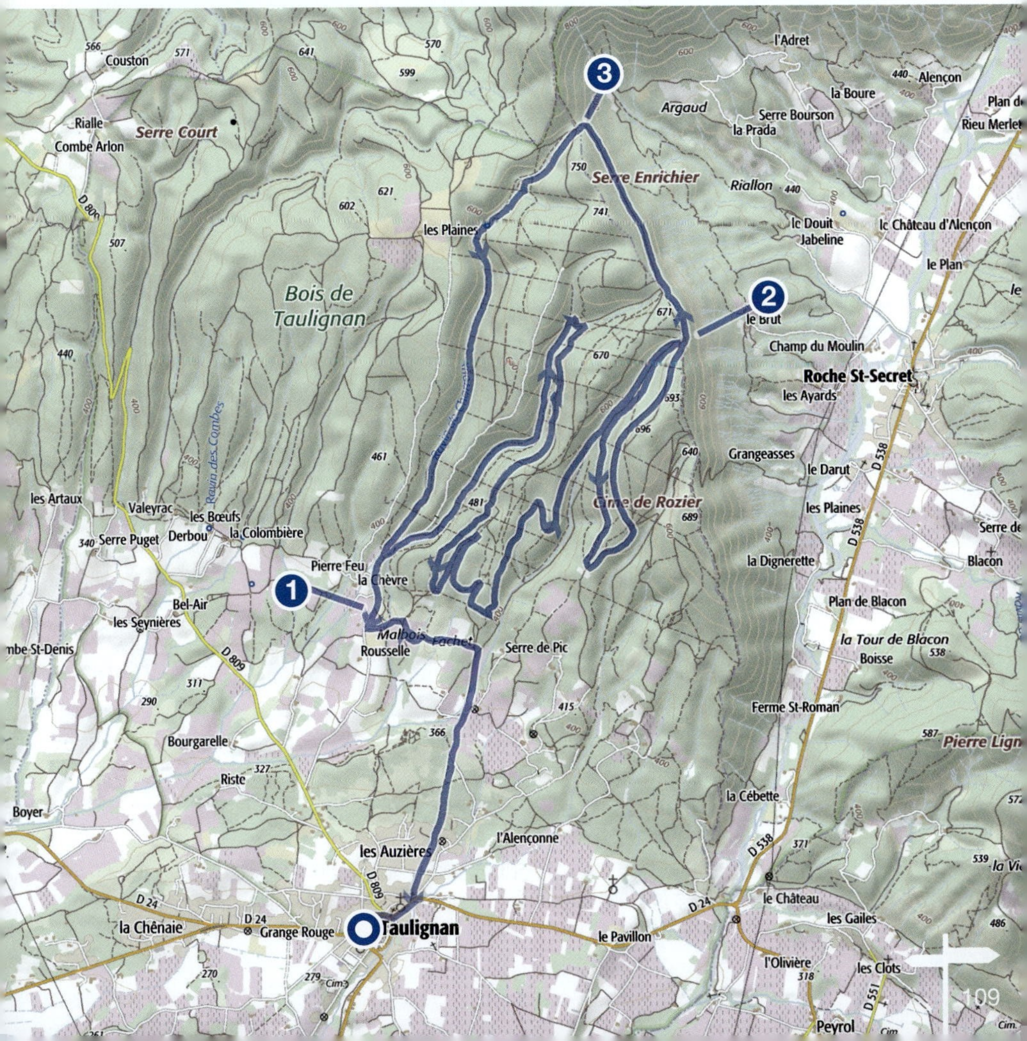

42. LES TRACES DES HUGUENOTS

V3

Distance **33 KM** D+/D- **850 M**
Durée **4H00** Difficulté **V3**

Partez à la découverte de légendes et de lieux d'histoire tout au long de ce parcours. Mercenaires, brigands et huguenots ont marqué ce territoire. Le prieuré d'Aleyrac vaut également le détour. Il y en aura pour tous les goûts : amateurs de singles et de circuits sportifs ainsi que pour ceux qui aiment les points de vue.

Base FFCT Pays de Dieulefit, balisage n°7

Itinéraire

(360 m) Du parking, remonter le chemin goudronné en direction du Vieux-Village. Longer les remparts puis remonter vers le Nord. Au croisement suivant, bifurquer à gauche en direction d'Eyzahut, par la montagne. Le chemin carrossable devient ensuite une piste, à flanc de colline. Le décor, minéral, permet de moins se concentrer sur l'effort qui est à fournir. Dépasser une fontaine où l'eau coule en permanence et continuer vers «Le Grand Pas», sur le GRP. Au col, au niveau d'une carrière, suivre le balisage et filer vers «Combe Oursière». Rouler à flanc de colline, avec une alternance de montées et de descentes assez raides. Poursuivre maintenant au milieu de la forêt avant d'attaquer une pente de plus en plus ludique. Au poteau «Combe Oursière», virer à gauche par un sentier herbeux, balisé PR. La descente en sous-bois, qui mène à la D540, est fantastique. On en redemande !

(1 : 258 m - 13 km) Emprunter la départementale, par la droite et prudemment, puis bifurquer rapidement à gauche en direction d'Espuy. Longer un ruisseau, dépasser une zone de captage des eaux puis s'engager sur la piste qui grimpe au milieu de la forêt. Suivre le PR et le balisage VTT n°7 en continuant d'appuyer sur les pédales pendant l'ascension. Atteindre une large piste et filer à gauche en suivant un GRP. À

la D9, remonter cette route pour rejoindre le village d'Aleyrac. Dépasser la mairie et la chapelle puis suivre fidèlement le GRP avant de rejoindre à nouveau la D9. 400 m plus loin, bifurquer à gauche en direction du «Col de la Croix». Après un cimetière, repérer la piste balisée GR qui part sur la gauche. Passer non loin du site d'un ancien prieuré, dont la source est dite miraculeuse (aller-retour recommandé).

(2 : 491 m - 21,8 km) S'engager sur celle-ci puis attaquer une montée assez caillouteuse en montée, jusqu'au poteau «L'Oulette». Par un beau chemin panoramique avec une vue sur le Mont-Ventoux et les Dentelles de Montmirail, rejoindre Serre Pelé. Le GR grimpe sur la gauche. Quitter ensuite momentanément le balisage pédestre pour se fier au balisage VTT qui s'engage tout droit sur un beau single, très ludique. Retrouver le GR et continuer un peu plus d'1km avant d'arriver à un carrefour, avec une piste qui part complètement à gauche.

(3 : 605 m - 26,1 km) Débuter la descente par une traversée en sous-bois puis la portion devient plus pentue et demande plus de concentration. Rester concentré jusqu'à rejoindre une petite route goudronnée. Partir maintenant à droite en direction de Molans puis le bas du village de Poët-Laval (au niveau du hameau de Gougne), en se laissant glisser tranquillement. Couper la D540 avec prudence et s'engager sur «la Montée de l'Eglise» pour une bonne ascension avant de rejoindre le parking de départ.

V3 Distance **44 KM** D+/D- **900 M**
Durée **5H00** Difficulté **V3**

Aux portes de Montélimar, ce parcours vous emmène sur les hauteurs colorées de la Valdaine. Le bleu des champs de lavande et le jaune des tournesols contrasteront avec les autres couleurs des sols parcourus et des arbres jalonnant le parcours mais aussi avec celles des pierres, posées les unes sur les autres, témoignage d'un passé médiéval. Les points de vue seront nombreux et les villages traversés, pittoresques.

Itinéraire

(170 m) Du parking, remonter vers le centre du village et, de suite après un mazet en pierres, bifurquer à gauche sur un sentier. Redescendre jusqu'à une croix puis, à la route, filer à droite. Au croisement, s'engager sur la D327 et, 200 m après, partir à droite et rouler sur un chemin à travers champs. Couper une départementale et continuer sur cette portion goudronnée (balisage VTT n°5). Au bout d'1 km, prendre une piste qui grimpe sur la gauche puis redescendre jusqu'à rejoindre une départementale. Prendre à gauche et faire 500 m avant de s'engager dans les bois par le «Chemin de Montceau». Grimper cette piste qui mène à une chapelle, en suivant le balisage. Dos à l'édifice religieux, prendre la première à droite et suivre un chemin qui va ensuite devenir pentu et caillouteux. Descendre jusqu'à un replat et bifurquer à gauche. Accélérer sur ce chemin de terre et suivre un sentier ludique avant de rejoindre une portion carrossable le long d'un champ. Prendre la direction d'Espeluche, entrer dans le lotissement de droite et le traverser. Se retrouver ensuite au croisement du «Chemin de l'Oratoire» et du «Chemin de Moise».

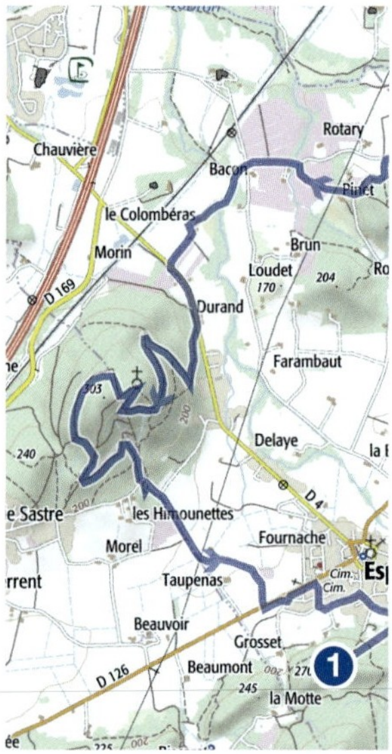

(1 : 185 m - 10,2 km) Partir à droite, grimper doucement et, à une patte d'oie, prendre le chemin pierreux sur la gauche. Entrer en plein milieu des bois et continuer de rouler (alternance de montées et de descente sur chemin en terre et minéral) jusqu'au poteau «Moise». Descendre à gauche, continuer sur la piste principale, passer un carrefour, puis remonter jusqu'au poteau «Champ de l'Anier». Reprendre tout droit et arriver sur le plateau, à «Plateau des Claves». Bifurquer à gauche vers «Claves» et effectuer une jolie boucle sur sentier en pleine forêt en suivant le balisage. Revenu à «Plateau des Claves», virer à droite et suivre la piste qui mène au pied d'éoliennes. À la 4e éolienne, prendre le chemin qui file à droite et le suivre entre des champs de lavande, séparés par un muret en pierres. Récupérer une portion goudronnée et atterrir dans le coeur du village de Montjoyer, à la fontaine.

(2 : 334 m - 23 km) Partir à droite, passer sous un beau porche et rejoindre la D550. Faire 100 m jusqu'à une croix (en fer avec le Christ dessus) et remonter un sentier jusqu'à un croisement. Passer ensuite sous une ligne électrique et, juste avant d'arriver sur la route, filer à droite au milieu de la végétation (vue sur les Baronnies). Rester sur le chemin le plus évident, couper une départementale et poursuivre sur un chemin au milieu de lavandes. Rentrer dans un bois de chênes et suivre le balisage

qui rejoint un autre parc éolien. À la large piste, partir à droite et continuer toujours tout droit jusqu'à rejoindre le GR429, au niveau d'un croisement avec une route départementale. Prendre la direction du hameau de Cîtelles (pente forte) et rejoindre une chapelle, juste après un gué.

(3 : 340 m - 31,4 km) Continuer tout droit et, après une maison, filer tout droit sur un monotrace herbeux. La pente est légère, tout en surplombant le ruisseau. Ça va ensuite s'élargir et arriver à un ralentisseur en goudron (distance depuis la chapelle : 3 km). Remonter à droite par le vallon puis, au carrefour de chemins, partir à gauche et grimper au milieu de la forêt. Poursuivre sur une piste qui deviendra vallonnée et calcaire. Couper enfin une route et prendre le chemin qui est en face. Passer le long d'un réservoir et s'engager ensuite sur une piste qui descendra au village de Rochefort-en-Valdaine (la vue, au château, est magnifique). Sortir du village par la gauche et, dans le virage, partir en face par le «Chemin des Durands». S'engager sur la première piste à gauche et filer tout droit jusqu'au virage d'une petite route. Remonter par la droite et poursuivre sur un chemin en terre, entre chênes et genêts. Après quelques passages caillouteux, rejoindre une route puis le point de départ, à Puygiron.

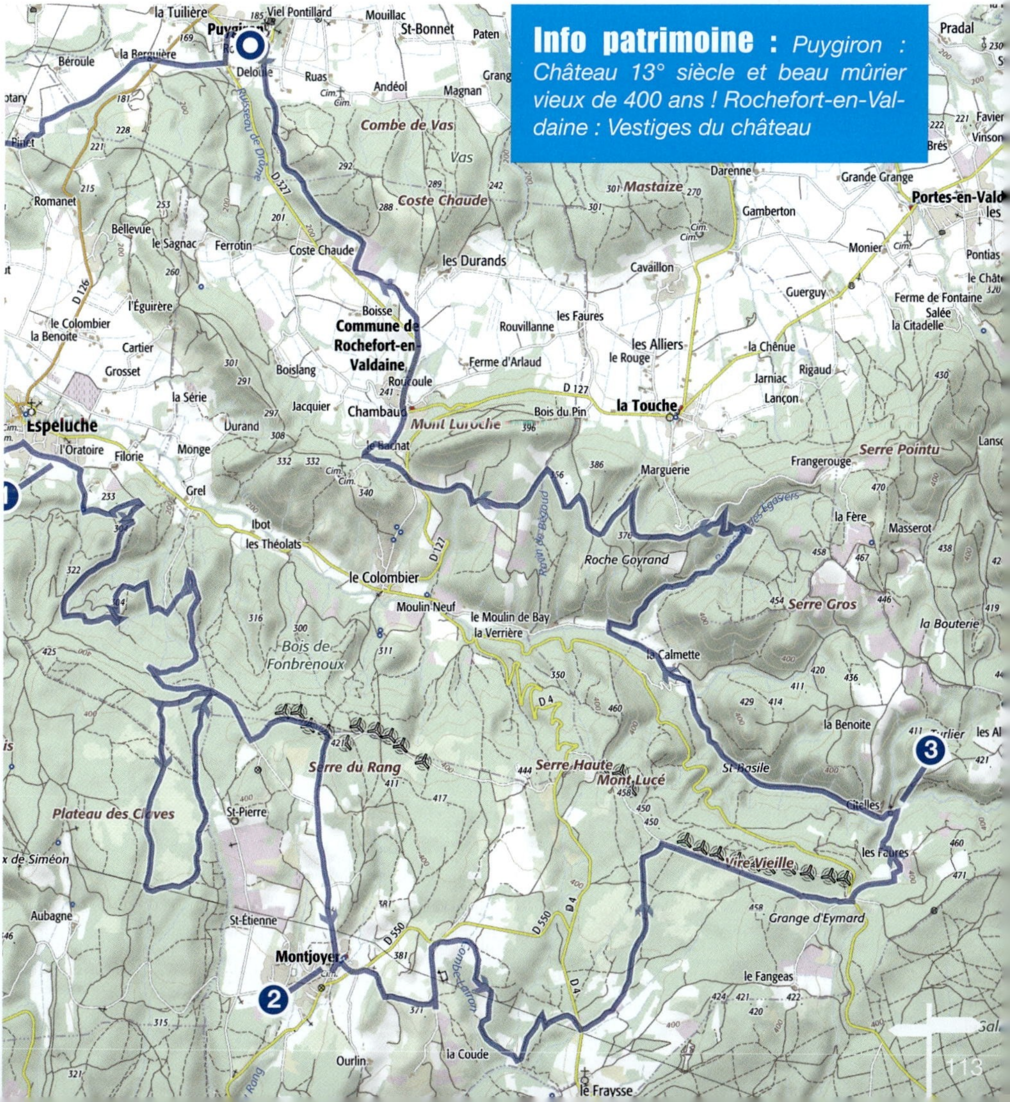

Info patrimoine : *Puygiron : Château 13° siècle et beau mûrier vieux de 400 ans ! Rochefort-en-Valdaine : Vestiges du château*

V3+

Distance **22 KM** D+/D- **620 M**
Durée **2H45** Difficulté **V3+**

Voilà un itinéraire comme on les aime. Aérien, technique et ludique de par sa variété. Des sentes en balcon vous feront profiter de très belles vues panoramiques sur les montagnes de la Lance, de Miélandre ou de Couspeau. Une pause privilégiée au Col de Vesc ou à l'Eglise de Comps est à prévoir.

Base FFCT Pays de Dieulefit, balisage n°10

Itinéraire

(375 m) De la «Place de la Gare», suivre la D540 en direction de Nyons. Faire 1,5 km et bifurquer à gauche vers Comps, en empruntant la D547. 500 m plus loin, virer à droite vers Beauvallon. Quitter le goudron pour emprunter une piste qui part à droite, en suivant les balisages pédestre et VTT. Grimper tranquillement avant de rejoindre une piste plane, entourée de champs de lavandes. Tomber au poteau «Fabras» et continuer tout droit jusqu'à «Paulhiet», au niveau d'une habitation. Prendre le sentier qui part à gauche. La montée qui s'ensuit, sur terrain minéral, va demander un peu d'énergie au pédalage. Continuer au milieu des chênes et des pins pour rejoindre «Ravin Bouchet», à un croisement de chemins.

(1 : 640 m - 7 km) Prendre la direction de Vesc en prenant le chemin face à soi. Ça se rétrécit ensuite et poursuivre sur un beau single parfois aérien, avec quelques passages techniques, à flanc de colline. Rester concentrer sur sa trajectoire car la chute est TRES fortement déconseillée (mieux vaut s'arrêter pour contempler le paysage). Emprunter des passerelles en bois tout en remerciant ceux qui sont à l'origine de leur conception. Toujours sur le PR, longer ensuite une prairie puis dépasser une ruine. La descente qui s'annonce va chahuter fortement les suspensions. Passer un ruisseau et suivre un beau mur en pierres et arriver sur la place de la fontaine, à Vesc (pause détente recommandée). Prendre maintenant à gauche et sortir du village en suivant le balisage GRP (jaune et rouge). Grimper la D223 pendant 600 m avant de filer à gauche, au niveau d'une patte d'oie, en direction de Guinard. Plus loin, suivre à nouveau le GRP ainsi que le balisage VTT n°10 qui remonteront sur la droite. Filer sur un chemin herbeux et des fois caillouteux. Attaquer une très forte montée et arriver sur une belle prairie. Au poteau «Ruine du Col», redescendre une piste pour atteindre le «Col de Vesc».

(2 : 725 m - 13,3 km) Partir en face et remonter un chemin en sous-bois. À «Serre la Motte», au niveau d'une bifurcation, basculer à gauche et suivre le GR. S'engager dans une descente ludique assez pentue, avec des racines, puis atteindre une route. Partir à droite et se laisser glisser tranquillement. Dépasser le panneau de lieu-dit «Thomas», et un peu plus loin après une courbe, repérer le balisage GR qui s'enfonce dans la forêt, à gauche. Plonger immédiatement dans une pente sur un single de toute beauté mais hélas trop court pour certains. À la route, partir à gauche puis à droite au croisement suivant et rejoindre l'église romane de Comps, datant du XIIe siècle. Descendre une piste et continuer tout droit en suivant le GR, direction «les Traverses» et «Dieulefit». Filer sur un sentier monotrace, qui s'enfonce dans la forêt. Poursuivre sur terrain minéral, à flanc de colline, tout en restant prudent. Passer des portillons et dévaler une pente au milieu des pins, toujours sur le GR. Dépasser «Malemort-Hautes Rouvières» et continuer vers «le Grand Serre» en restant toujours fidèle au balisage. Prolonger sur un beau single, très caillouteux, et filer entre deux murs en pierres pour retrouver le goudron. Suivre le balisage et passer dans Dieulefit pour rejoindre l'ancienne gare.

Montagne de St-Maurice
les Vernets
le Moulin Cordeil
Vallier
la Motte
Commune d'Orcinas
le Turc
les Magnettes
Luzerne
Chabrier
la Tour
les Perassols
Sourier
les Buffelas
la Gallienne
D 191
D 538
la Peyrière
Plan du Serre
l'Alouette
Thomas
Charlasson
892
les Lombards
le Pouzet
la Rate
les Cros
Marre
Gournier
Montagne des Ventes
les Tolliers
Ubacs
Suzier
la Chênée
Pisconin
922
Ribière
les Bourets
les Blachons
Côte de Suzier
Damian
Vente
Thesemy
801
Masseboeuf
les Lauzas
le Bermès
Magnan
Col de Vesc
Barral
le Moulinas
les Brunets
les Arphons
la Douceur
Domaine de Réjaubert
D 547
Ferme du Col de Vesc
Chamonix
583
la Pascale
Col de l'Homme
Lunière
Maleval
le Grand Serre
le Petit Serre
Montmirail
Brunet
Gourut
Valayer
Candy
la Bonasse
Dieulefit
le Parol
Veyret
884
les Rouvières
Guinard
D 223
le Viéras
Bernard
le Serre
les Trois Croix
Ravin de Merdari
1101
le Roc
Serre de Pierre
Vesc
la Marzelière
Merlet
les Marroux
Beau Vallon
les Vernets
les Raymonds
la Flachaire
1016
Doublèze
Reynier
Fabras
les Cèdres
le Liseron
les Gérisiers
les Granges
la Sablière
462
Poujoulas
Pracoutel
les Froments
la Griffonnette
392
les Brises
Relautier
Châtelas
l'Avalanche
D 330
les Moulins
les Pouzets
Espagne
les Ubacs
Paulhiet
Ubacs de Ruy
la Plate
le Serre de Turc
Candy
le Coucou
Montag
687
540
566
Adret de Ruy
Montagne de Dieu-Grâce
649
l'Adret
Barjol
Bel-Air
Combaurie
Chauvac
la Malaboisse
Montjoux
Mielle
1
2

45. L'ADRET DE LA LIONNE

V4-

Distance **19 KM** D+/D- **1100 M**
Durée **3H30** Difficulté **V4-**

Véritable «Coup de Coeur» pour la descente finale de cet itinéraire conçu pour ceux qui veulent se mesurer au Cougoir. Tous les ingrédients du VTT, à dose raisonnable, sont mélangés. Gros challenge : la montée de l'impossible ou presque qui mène au Col de Lachaud. Sinon, quel bonheur ! Vous allez cheminer dans des zones d'élevage : soyez respectueux et courtois avec les éleveurs, votre comportement conditionne l'avenir de la pratique VTT sur ce secteur.

Base FFCT Pays de Dieulefit, balisage n°11

Itinéraire

(620 m) De l'Auberge de Miélandre, descendre par la D130. Dans le virage, prendre le chemin qui part en face. La côte débute déjà puis le chemin devient plus lisse. Descendre dans un paysage de marnes et de pins avant d'arriver au poteau «Pied Pourtier». Suivre le GRP qui part en face et atteindre la route qui mène au vieux village de Teyssières. Prendre à gauche et, 100 m après, traverser le gué à droite. Longer la rivière (le Lez) pour arriver au poteau «Favières». Virer à gauche et utiliser les braquets nécessaires dans la très forte montée qui s'annonce, avec de gros cailloux parfois, pour rejoindre le Col de Lachaud (des poussages sont à prévoir).

(1 : 931 m - 4,7 km) Reprendre son souffle tout en profitant d'un moment de pause contemplative. Suivre la piste qui remonte légèrement puis qui descend vers «Les Audries». Dans le virage en épingle, grimper à gauche pour atteindre le Col la Pause. Suivre le balisage du GRP durant une bonne ascension, bien moins ardue que la précédente. Au col, passer une barrière qu'il faudra veiller à fermer correctement (merci pour les troupeaux). Longer ensuite le champ par la gauche puis prendre le sentier bien marqué qui traverse la prairie, vers le Sud. Passer un portail (à refermer !) et rejoindre «Le Petit Herme». Continuer sur la droite, par une légère montée, puis filer sur une descente quelque peu technique jusqu'au Col de Venterol. De là, grimper à gauche par le sentier qui débouche sur une belle piste montant vers le sommet, en passant par «La Pousterle». À la fin de la piste, se résigner à un petit portage pour grimper au point culminant de l'itinéraire.

(2 : 1221 m - 12,4 km) Descendre par le single qui passe par Montagne la Croix. Retrouver le «Petit Herme» puis le «Col La Pause». Prendre à droite, passer un ancien portail. 100 m après, à la borne, virer à droite dans la pente en suivant le balisage du GRP ainsi que le VTT n°11. Le sentier, jalonné de cairns, sera rapidement technique. Les points de vue seront nombreux. Au poteau «Adret de la Lionne», prendre un monotrace peu marqué à droite en direction des Pignes. Certains passages, durant la descente, nécessiteront un réel bagage technique. Suivre le balisage tout en continuant par une belle piste, à droite. Retrouver «Pied Pourtier» et prendre à droite le chemin emprunté à l'aller pour retourner à l'Auberge de Miélandre.

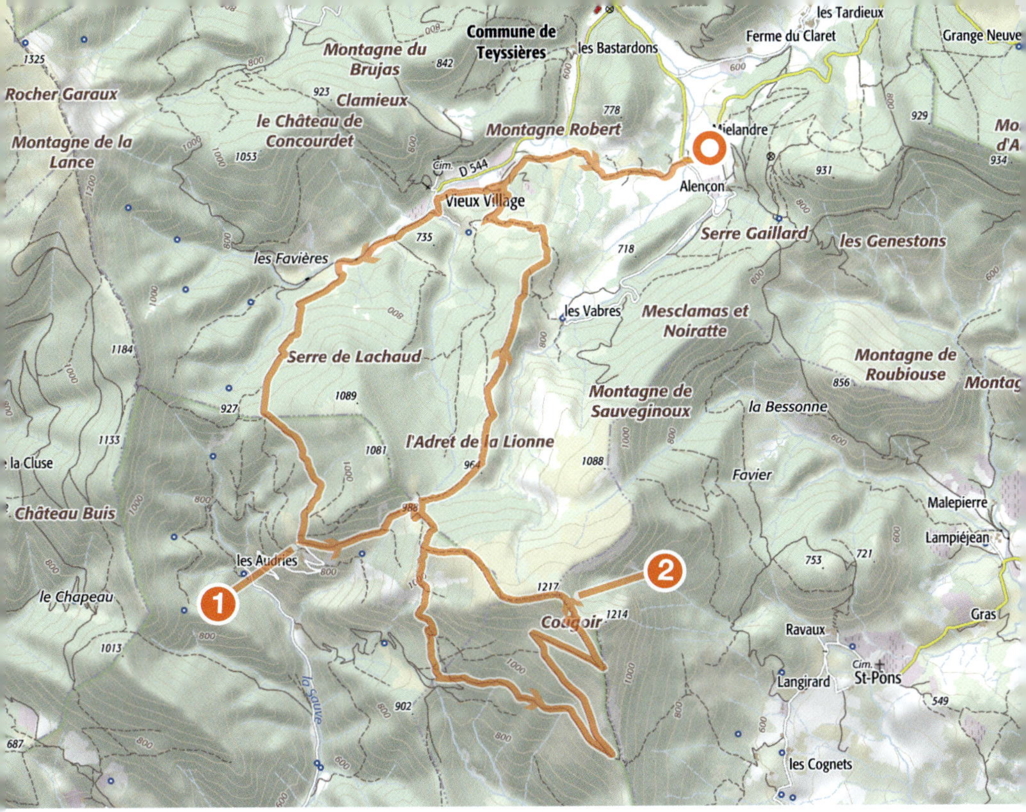

Commune de Teyssières
les Bastardons
les Tardieux
Ferme du Claret
Grange Neuve
Montagne du Brujas
842
923
Clamieux
le Château de Concourdet
Rocher Garaux
1325
Montagne de la Lance
1053
Montagne Robert
778
Mielandre
Alençon
929
934
931
D 544
Cim.
Vieux Village
735
718
Serre Gaillard
les Genestons
les Favières
les Vabres
Mesclamas et Noiratte
Serre de Lachaud
1184
1089
927
Montagne de Roubiouse
856
Montagne de Sauveginoux
la Bessonne
l'Adret de la Lionne
1081
964
1088
1133
la Cluse
Château Buis
Favier
Malepierre
Lampiéjean
986
les Audries
le Chapeau
1217
Cougoir
1214
753
721
Ravaux
Gras
Langirard
St-Pons
1013
902
549
687
les Cognets
la Sauve
1
2

BARONNIES PROVENÇALES

Les Baronnies provençales tirent leur nom des multiples barons (Mévouillon, Montauban, Lachau, Oze ...) s'étant forgé des territoires autonomes entre Provence et Dauphiné au début du moyen-âge. C'est aujourd'hui le Parc naturel régional des Baronnies provençales qui fédère cette terre de bien-être à la nature sauvage et aux paysages préservés, située au nord du Ventoux. Ce massif de montagnes sèches est un spot incontournable pour les sports de pleine nature ! C'est dans les thermes et aux senteurs de la lavande et du tilleul que vous récupérerez de vos journées passées sur les sentiers.

46. LE ROCHER DE VIC

V2

Distance **11 KM** D+/D- **270 M**
Durée **1H30** Difficulté **V2**

Envie d'une balade relativement courte aux aspects champêtres ? Oui. Donc, vous profiterez également de belles vues sur le Mont Ventoux et sur le secteur minéral du Rocher de Vic.

Base FFCT Baronnies provençales, balisage n°12

Itinéraire

(595 m) Redescendre la D542 du village en direction d'Aulan. Au croisement, partir à droite et suivre la D159 qui longe le Toulourenc. Rester sur cette route départementale pendant 1 km puis bifurquer à gauche et passer sur le petit pont en pierre. Continuer face à soi en suivant le balisage jaune du PR ainsi que le balisage VTT n°12. Ça va grimper de façon assez ardue au début mais ça va se radoucir au bout de 300 m. La route devient ensuite une piste. Continuer jusqu'à un croisement, au niveau du poteau «Col de Vic».

(1 : 703 m - 3,2 km) Filer à droite et suivre ensuite la piste qui part à gauche, plein ouest. Se laisser glisser tranquillement tout en observant le panorama. Le chemin se

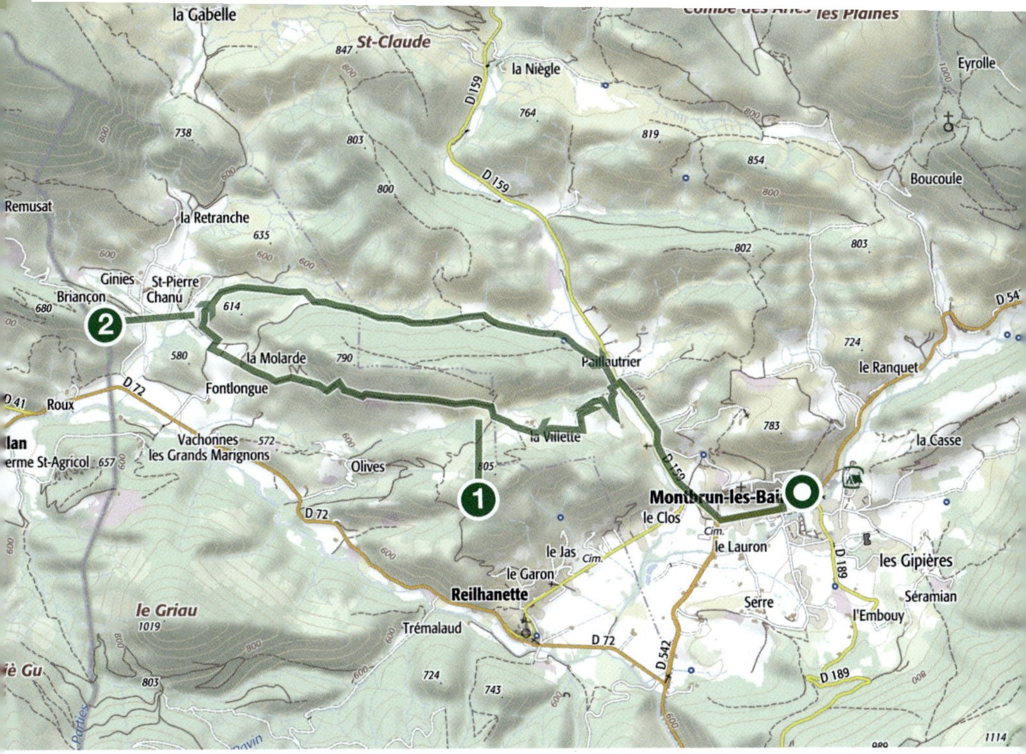

rétrécit et annonce une pente où il faudra néanmoins rester concentré. Suivre le balisage et se retrouver, plus bas, à une intersection, au poteau «Pierre Mortier».

(2 : 532 m - 5,5 km) Partir à droite en direction du «Pont de Vénéjean» en suivant le GR. Le chemin est raide et caillouteux mais devient plus lisse par la suite. Poursuivre sur un beau sentier au milieu des bois, avec quelques racines. Après un petit raidillon, le sentier part à gauche puis devient monotrace. Déboucher sur une large piste près d'un champ de lavande. Redescendre cette piste tout en maitrisant sa vitesse et arriver au petit pont en pierre, enjambé à l'aller. Poursuivre sur la D159 et rejoindre le point de départ, à Montbrun-les-Bains.

47. LES GORGES D'ALAUZON

V2+

Distance **23 KM** D+/D- **750 M**
Durée **3H00** Difficulté **V2+**

Sur ce parcours, vous évoluerez entre oliviers, pins sylvestres et entailles dans la roche. Avec un certain effort, cet itinéraire promet des vues splendides. La partie la plus technique se trouve après le point 3.

Base FFCT Baronnies provençales, balisage n°3

Itinéraire

(370 m) Traverser le pont qui enjambe l'Ouvèze et suivre le balisage VTT n°3. Dépasser le camping municipal et continuer sur la route goudronnée qui grimpe. Au second lacet, prendre à gauche et suivre le PR en direction de «la Viste». Filer sur une piste très roulante, toujours tout droit pendant 4 km. Passer sur un pont en pierre et grimper jusqu'au «STOP», au pied du village de la Roche-sur-le-Buis.

(1 : 559 m - 5,7 km) Prendre à droite sur la D159 sur un peu plus d'1 km et, au moment où la route devient plane, prendre à gauche en direction de la citerne d'Alauzon. Le goudron laisse place à une piste au milieu d'un paysage minéral. Prendre de l'altitude au-dessus du canyon et se retrouver ensuite au milieu d'une forêt de pins. Rester sur ce chemin forestier et, face à une barrière, bifurquer à gauche et passer un gué. Faire éventuellement une pause photo au niveau de la ruine de l'ancienne ferme d'Alauzon et repartir sur la piste qui grimpe au milieu des pins. Arriver finalement au poteau «la Coste», au niveau d'un croisement de chemins.

(2 : 950 m - 12,8 km) Suivre le balisage jaune et le VTT n°3. La piste, très roulante, permet d'admirer les paysages lointains. Après un collet, filer dans la pente jusqu'à une zone herbue, à un carrefour de pistes.

(3 : 942 m - 16,4 km) Bifurquer à gauche et descendre cette piste quelque peu caillouteuse. Au bout d'1 km, au croisement, partir à droite. Au virage suivant, en épingle, partir en face sur un beau single et se faire plaisir tant en ludique qu'en technique. Admirer les falaises et arriver finalement au niveau de l'ancien château médiéval de la Roche-sur-le-Buis. Traverser le village et, juste après le panneau de sortie, bifurquer à droite et retrouver le balisage VTT. Longer des oliviers et rejoindre une piste puis descendre sur la gauche pour atterrir à la D159. Se laisser glisser pendant 1 km avant de bifurquer à gauche, sur un chemin gravillonneux, Suivre le balisage VTT et passer au-dessus d'un ruisseau. Continuer à droite puis rejoindre tranquillement le point de départ.

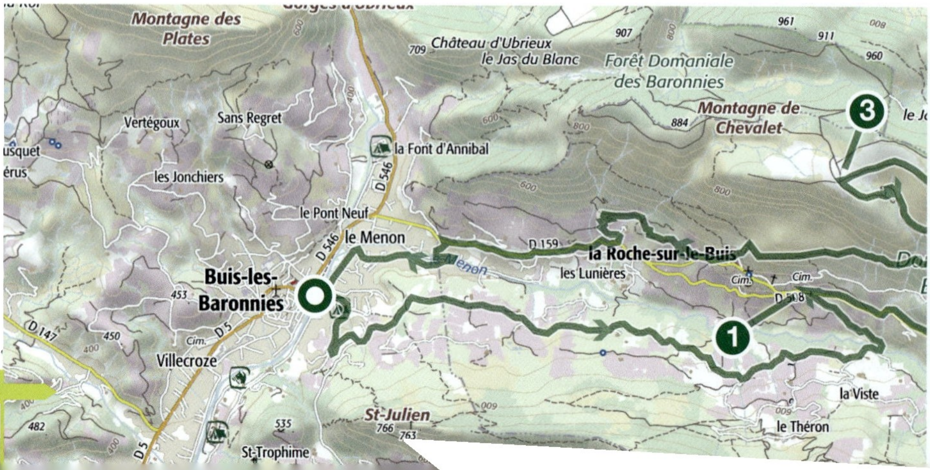

Hébergement à ne pas manquer : *Offrant 4 propriétés à louer ensemble ou séparément, à la semaine ou à la nuit, Alauzon vous offre un séjour sur mesure. Location et services VTT, circuits balisés sur place. Séjour sportif ou vacances en famille- tout est possible. Piscine naturelle, aire de jeux et surtout une situation remarquable. Capacité d'accueil de 2 à 30 personnes. English spoken. www.alauzon.com*

48. AUTOUR DU BRACHET

V3

Distance **18 KM** D+/D- **700 M**
Durée **2H15** Difficulté **V3**

Besoin de se faire plaisir en peu de temps ? Ce parcours, avec juste ce qu'il faut comme cotation technique mais avec du dénivelé quand même, vous emmènera au coeur de beaux paysages. Prévoir l'appareil photo. Et, les singles à flanc de collines vous attendent également.

Base FFCT Pays de Rémuzat, balisage n°6

Itinéraire

(560 m) Du village, descendre la D61 en direction de la Motte-Chalancon. Dépasser le plan d'eau sur la gauche (une pause détente une fois le circuit terminé est recommandée) et continuer sur un pont métallique qui enjambe l'Oule. Ensuite, emprunter la D173 en direction d'Arnayon. Continuer pendant 2,5 km environ, au milieu des gorges, et s'engager sur la première piste à gauche. Attaquer ensuite une côte sans se soucier de l'orientation pour arriver à une bifurcation, au niveau d'une belle bâtisse en pierres.

(1 : 795 m - 6 km) Repérer le balisage VTT n°6 ainsi qu'un panneau indiquant la direction de Léoux (à 3 km) et s'engager sur un sentier monotrace. Sortir de ce beau passage pour rejoindre la piste carrossable puis un col, entouré de lavandes. Se laisser glisser dans la pente et rejoindre le hameau de Léoux. Avant d'arriver sur la route, prendre à gauche un petit sentier (balise VTT n°6) qui passe derrière la petite chapelle pour arriver sur la D570. Longer un ruisseau jusqu'à un croisement, au niveau d'un pont. Au poteau «Léoux», partir à gauche en direction du Col de Pen-

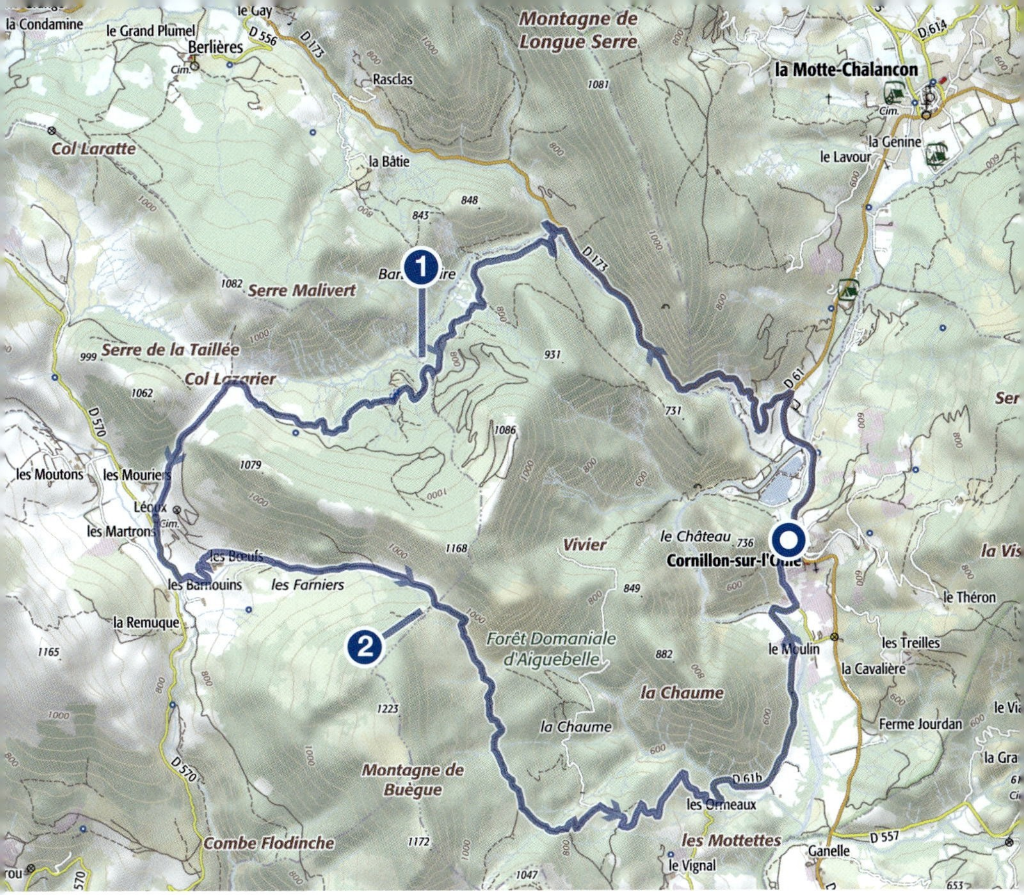

sier en suivant le balisage jaune et rouge. Longer vergers et champs d'essences méditerranéennes. Redoubler d'effort dans l'ascension qui mène au col.

(2 : 1002 m - 11,5 km) Souffler et respirer avant de s'engager sur le monotrace, tantôt en sous-bois, tantôt à flanc de colline. Effectuer quelques petites relances et continuer dans la pente. Dépasser une ruine (vestige d'une ancienne ferme abandonnée). Rester fidèle au balisage GRP et virer à gauche sur un chemin ravineux et caillouteux. Arriver au poteau «Ravines du Col» pour rejoindre ensuite «Saint-Véran». À ce moment-là, quitter le GRP pour suivre le balisage jaune et le VTT n°6, en direction du «Gué». Le single débouchera ensuite sur une piste. Prendre à droite pour tomber sur la D61b. Rejoindre tranquillement le village de Cornillon par la route.

V3

Distance **23 KM** D+/D- **780 M**
Durée **2H45** Difficulté **V3**

À l'extrémité orientale de la Drôme Provençale, Lachau et ses collines se laissent découvrir au fur et à mesure que l'on progresse sur des sentiers divers et variés. Mais il va tout de même falloir se faire violence dans les parties ascensionnelles. À la tour du Riable, la pause contemplative s'impose. À cet instant, nous sommes «hors du temps»...

Site FFC n°21 Buëch-Sisteronais, balisage n°17

Itinéraire

(720 m) Quitter le parking en passant devant le Château de Lachau, et sortir doucement du village. Après une bifurcation, suivre le balisage du GRP tout droit sur 300 m avant de partir à gauche, sur un chemin carrossable. Longer des champs jusqu'à rejoindre la route départementale. La traverser puis remonter une piste qui mène à une habitation. Prendre ensuite à droite et continuer sur une autre piste. Grimper le long de champs en se repérant au balisage VTT n°17. S'engager ensuite dans le chemin à travers bois. Suivre un balisage en contournant un vallon. Au bout d'un replat, filer plein est et rester sur le sentier qui mène au Col d'Araud.

(1 : 893 m - 4,8 km) Redescendre par la droite puis bifurquer à gauche au premier croisement. Rejoindre doucement le hameau des Peyres. Peu après, à la patte d'oie, prendre à droite. Après 3 lacets, prendre à nouveau à droite et s'engager encore à droite, sur une piste en balcon, pour rejoindre Eourres.

(2 : 965 m - 10,1 km) Prendre en face entre les maisons et rester sur le balisage, à la descente. Juste après un champ, bifurquer à droite et continuer sur une piste qui longe le lit d'un torrent. Retrouver le balisage VTT n°17 et effectuer plusieurs relances avant de se retrouver en pleine forêt. Poursuivre dans une belle descente sur un chemin très roulant et atteindre finalement une route goudronnée. Partir à gauche et attaquer la côte, pendant 2,5 km, avant de rejoindre une bifurcation.

(3 : 952 m - 17,4 km) Prendre à droite et traverser un petit pont. Continuer sur une piste et dépasser une ferme puis une autre encore, 1 km plus loin . Suivre les balisages pédestre et VTT en poursuivant l'ascension jusqu'à un col. Faire éventuellement un aller-retour jusqu'à la Tour du Riable, pour dominer la vallée. Suivre un chemin herbeux et descendre jusqu'à une croisée de chemins, au pied d'une falaise. Partir à gauche à une patte d'oie et longer un cours d'eau, souvent à sec. Dévaler la pente toujours tout droit et, au petit pont, bifurquer à gauche vers la chapelle Notre-Dame de Calma datant du XIIe siècle. S'y attarder avant de regagner tranquillement le centre du village de Lachau.

Info curiosité : *La Tour du Riable, édifiée vers le XI° ou XII° siècle, faisait partie d'un ancien réseau de communication dans les Baronnies. Grâce à la volonté de quelques passionnés, elle a pu reprendre vie d'une façon hors du commun. Pour en savoir plus : www.baronnies-drome-provencale.com*

Bergerie d'Aumage
Lachau
le Défens
l'Adret
le Prieuré
D 201
les Barjavaux
l'Aiguebelle
D 24
Montagne de Chanteduc
Jaunas
D 224
D 24b
la Viérette
la Beylonne
les Peyres
les Dar
Éourres
le Teron
Moutet
les Mourelières
Rioufret
St-Michel
Tour du Diable
Montagne du Riable
le Château
Chante-Duc

V3 Distance **24 KM** D+/D- **900 M**
Durée **3H30** Difficulté **V3**

Au départ du charmant village de Sainte-Jalle, vous évoluerez dans un secteur préservé des Baronnies Provençales. Âme d'un photographe ou d'un géologue? Vous serez séduits. Mais l'âme du VTTiste le sera également, notamment sur la dernière descente.

Site FFC n°219 Val d'Eygues Pays de Nyons, balisage n°12

Itinéraire

(400 m) Du parking, sortir du centre du village en passant devant la mairie et le camping municipal. Peu après un pont, dans un virage, partir à gauche vers Saint-Quentin, par la D250. Faire 100 m et bifurquer à droite pour suivre un chemin goudronné. Le goudron laisse rapidement sa place à une piste carrossable. Récupérer la D108 et 200 m plus loin, bifurquer à gauche en suivant le balisage jaune. C'est parti pour une ascension d'1,5 km, à fort pourcentage, avant d'atteindre à nouveau la D108 ! Faire encore 200 m sur la route puis atteindre la première piste qui sera à droite.

(1 : 689 m - 4,1 km) Grimper à son rythme tout en profitant du panorama sur la vallée. Passer une barrière puis, 400 m après, à la patte d'oie, s'engager sur le chemin qui grimpera à gauche. Le sentier, en sous-bois est juste fabuleux, à flanc de colline. Les parties du corps, non protégées, auront droit à quelques stigmates, dû à la végétation. Au sommet du col, filer à gauche et dévaler la pente. Passer devant les ruines d'une ancienne bergerie puis tomber sur un poteau directionnel, au niveau du Col de Linceuil.

(2 : 893 m - 8,7 km) Partir à droite et suivre le PR qui descend (attention, balisage multiple sur cette portion : PR, GR, GRP et VTT n°12). Faire un peu plus de 2 km et atteindre un chemin goudronné. Continuer tout droit en suivant le balisage jaune et VTT n°12 puis en direction de la ferme du Rocher Florin, spécialisée dans l'élevage de bergers australiens. Se laisser glisser sur une très belle piste tout en observant les différentes strates sur les montagnes environnantes. La minute «géologie» passée, continuer jusqu'à rejoindre le charmant village de Montaulieu.

(3 : 503 m - 16,4 km) Descendre la route principale puis, au niveau d'un virage en épingle, partir à droite en suivant un PR. Prendre ensuite de l'altitude, de façon soutenue, tout en longeant des vergers. Suivre fidèlement le balisage jaune et le VTT n°12. Au col, partir à droite et s'engager sur un splendide single à flanc de colline. Au bout d'1 km, tomber sur un autre col, à un carrefour de sentier. Basculer à droite dans la pente (passages V3+) et se laisser griser par l'aspect technique. Longer un grillage avant d'atteindre une route goudronnée. Partir à gauche et rejoindre Sainte-Jalle, sans même pédaler.

St-Aubanet
Arpavon
Cim.
652
680
D 64
742
le Moulin
Coullet
Ferme de Combe Baron
3
Ferme de Serre Dinas
l'Aiguillette
683
les Ferrières
Ferme de la Ramière
Clos de Mésouilles
Croix St-Christophe
Tréguier
766
Ferme de Pré Mourant
610
les Chaux
Ferme des Aigues
Montaulieu
Cim.
Vial
717
les Pignèses
Monts d'Autuche
Ferme de Serre des Granges
921
732
la Grand-Grange
les Œuillacs
920
le Grès
la Grand-Grange
Vieux Village
Ste Ja
Cim.
D 64
la Condami
l'Ubac
920
754
Roche Blave
721
715
978
les Buisses
717
le Moulin
les Bégonds
la Fauchère
les Faysses
Ferme de Serre Teston
Montagne d'Autuche
la Grange de Blachet
648
Cim.
Pays
D 250
Fournelle
le Plan
Ferme du Rocher Florin
765
le Villard
Rochebrune
Fermes de Fleur de Mai
Ferme de Serre d'Enguillard
854
les Touysses
720
727
Ferme Roux
802
la Viste
la Biove
l'Estang
la Gardiole
Gouvernoux
Terruche
832
805
les Bœufs
la Baume
Ferme des Plates
les Flachères
D 528
D 528
Ferme de Champourceau
Ferme du Col de Soubeyrand
Ferme du Devès
les Lantons
la Mariette
Serre St-Vincent
le Routas
Ferme Brun
St-Quenin
D 250
Montagne de la Taillade
765
les Prades
958
Ferme du Col
D 108
1
964
la Fournache
1192
Montagne de Linceuil
Col d'Ey
718
D 162
876
920
Linceuil
962
les Costes
982
897
2
1034
Lauzière
D 108
les Grandes Buisses
Bergerie des Cades
Col de Milmandre
D 108

V3+

Distance **16 KM** D+/D- **700 M**

Durée **2H00** Difficulté **V3+**

Fruit d'un travail entre la commune de Nyons, l'association des Tontons Riders, les propriétaires et gestionnaires des parcelles, la Communauté de communes et le PNR, ce projet a pour but de soutenir le potentiel de développement de la région dans la pratique du VTT, compléter l'offre locale, mais surtout de faire découvrir les joies du VTT de descente à tous les publics !

Itinéraire

Le bike park est ouvert toute l'année, d'ores et déjà accessible mais encore en cours de création. Il en faut pour tous les goûts et tous les niveaux : a terme, il comprendra donc 5 pistes de niveau différent, adaptées à tous (piste verte, bleu, rouge et noire ainsi qu'une piste de VTT enduro).

Attention l'entrée n'est pas libre : un formulaire d'adhésion ainsi qu'une participation d'environ 9€ est nécessaire pour profiter du site.

Cette adhésion permet de devenir membres usagers de l'association et de bénéficier d'une l'assurance, mais aussi de financer en partie l'aménagement et l'entretien du site, afin que chacun puisse en profiter.

Une route goudronnée permet d'accéder à VTT au sommet de la montagne de Garde Grosse, où se trouve le départ des pistes. Avis aux amateurs, la descente se mérite, après avoir escaladé la montagne !

L'association propose toute une série de services, n'hésitez pas à les contacter pour tous renseignements !

Info pratique : Les Tontons Riders
tontonsriders26@gmail.com - 06.78.61.46.31
le site internet : baronniesbikepark.com

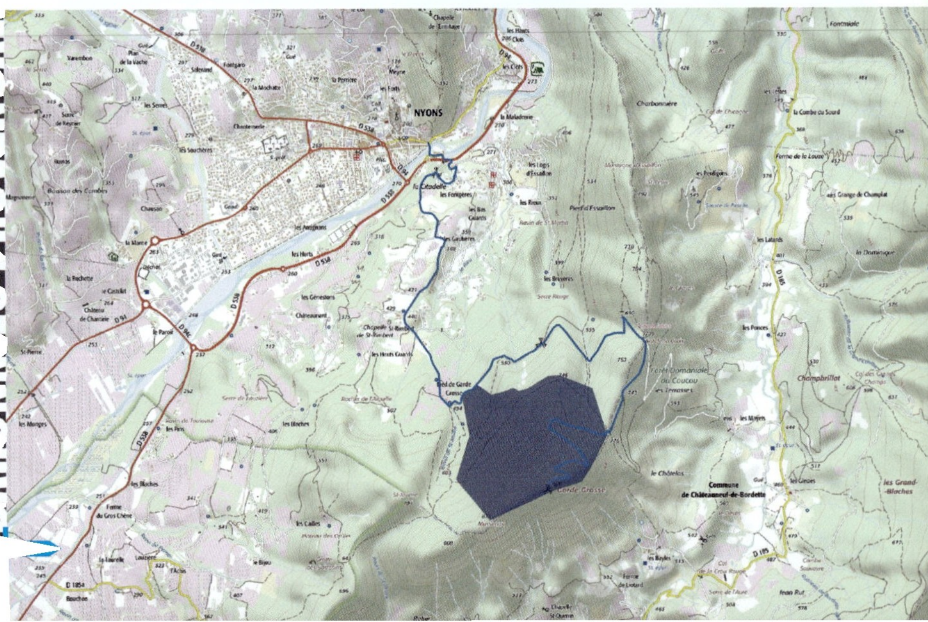

V3+

Distance **40 KM** D+/D- **1250 M**

Durée **4H30** Difficulté **V3+**

Une longue montée pour grimper jusqu'au Col de Guibert, où il sera possible d'admirer le versant nord du Mont Ventoux, avant de prolonger vers des terres pastorales. Puis, single en forêt pour rejoindre les crêtes, plus au nord, dans un cadre bucolique. Plaisir ludique, sous-bois exaltant et descente un peu rocailleuse épiceront un itinéraire où la beauté des paysages n'aura que peu d'égale.

Base FFCT Baronnies provençales, balisage n°4

Itinéraire

(370 m) Traverser le pont qui enjambe l'Ouvèze et suivre le balisage VTT n°4. Dépasser le camping municipal et continuer sur la route goudronnée qui grimpe. Au second lacet, prendre à gauche et suivre le PR en direction de «la Viste». Filer sur une piste très roulante, toujours tout droit pendant 4 km. À la bifurcation au niveau d'une habitation, suivre le PR qui remonte à droite puis continuer vers le centre équestre de la Viste, sur la gauche. Le chemin devient caillouteux. Rejoindre une petite route. Atteindre, 1 km plus loin, un petit pont et grimper par la droite et suivre la direction de «Pré Saint-Jean». Appuyer sur les pédales jusqu'à rejoindre un étang en contrebas.

(1 : 778 m - 10 km) Prendre à droite puis 150 m plus loin rester sur la droite. Traverser un ruisseau et grimper de façon continue pendant 2 km avant d'arriver à un carrefour de pistes. Prendre en face en suivant le balisage GR, en observant les rochers de la montagne de Banne et le Mont Ventoux. Se laisser glisser dans la pente jusqu'à un route goudronné. Remonter ensuite par la gauche, en longeant la colline. Suivre les balisages blanc et rouge ainsi que le VTT n°4, toujours sur cette piste très roulante. Le décor sera ensuite tout autre, mais tout aussi splendide. Au sommet du col de la Jas, passer derrière la bergerie pour prendre le GR, légèrement sur la gauche. Suivre la descente, rapide dans un premier temps puis plus technique entre les arbres. Retrouver un sentier balisé GRP et prendre à gauche. Prendre de la vitesse, en filant toujours tout droit sur un sentier minéral et ludique à souhait. Surplomber une gorge et admirer la géologie environnante. Arriver à une piste, la descendre, passer le lit d'un ruisseau et bifurquer à gauche pour atteindre une route.

(2 : 830 m - 19 km) Partir à droite et, juste avant un pont, bifurquer à gauche pour grimper sur un beau sentier en terre. Déboucher sur une clairière et poursuivre l'ascension au milieu des pins. Rejoindre la route. Plus loin, au poteau électrique, virer à gauche dans l'épingle et s'engager sur un sentier forestier. Apres plusieurs virages, se retrouver face au village du Poët-en-Percip. Passer devant le gîte communal (il y a un beau tilleul devant) et continuer tout droit en suivant le balisage VTT n°4. Prendre un sentier ludique qui passe près d'une vieille fontaine. Suivre le GR puis continuer tout droit sur la piste. Monter à gauche jusqu'au poteau de signalétique puis appuyer ferme sur les pédales en prenant la piste à droite. Déboucher sur un magnifique plateau à 1100 m d'altitude. rejoindre la piste qui conduit au gîte du Lièvre sous la montagne des Loubes. Plus loin, partir à gauche et passer la barrière ONF. Poursuivre l'ascension au milieu des bois, sur un single, avant d'arriver à une prairie, au poteau «Col de Sanguinet».

(3 : 1080 m - 27,1 km) Faire 100 m sur la gauche et repérer une croix jaune de PR sur la droite. Filer sur ce sentier, avec le balisage VTT n°4, quelque peu minéral au début. Continuer sur un parterre de feuilles, très enchanteur, et bien visualiser le sentier monotrace qui partira à gauche. Rester fidèle au balisage VTT dans ce cadre bucolique. Effectuer quelques relances avant de rejoindre les landes sauvages. Prendre la direction du sommet de la Montagne du Gravas et parcourir la ligne de crête en ayant des vues panoramiques. Rester sur la piste la plus marquée. Après un mamelon, prendre de la vitesse dans la pente et rejoindre un carrefour de pistes, sur la gauche.

(4 : 942 m - 33 km) Descendre cette piste quelque peu caillouteuse. Au bout d'1 km, au croisement, partir à droite. Au virage suivant, en épingle, partir en face sur un beau single et se faire plaisir tant en ludique qu'en technique. Admirer les falaises et arriver finalement au niveau de l'ancien château médiéval de la Roche-sur-le-Buis. Traverser le village et, juste après le panneau de sortie du village, bifurquer à droite et retrouver le balisage VTT. Longer des oliviers et rejoindre une piste puis descendre sur la gauche pour atterrir à la D159. Se laisser glisser pendant 1 km avant de bifurquer à gauche, sur un chemin gravillonneux, Suivre le balisage VTT n°4 et passer au-dessus d'un ruisseau. Continuer à droite puis rejoindre tranquillement la Place du Quinconce, avec ses platanes offerts par Napoléon Bonaparte pour la naissance de son fils en 1811 (Napoléon II - Roi de Rome).

Info historique : *Dame Percipia fonda la dynastie des Mévouillon qui se succèderont et domineront la région pendant près de trois siècles. Le village du Poët-en-Percip lui rend hommage en ayant pris son nom, car elle y aurait vécu il y a 1000 ans.*

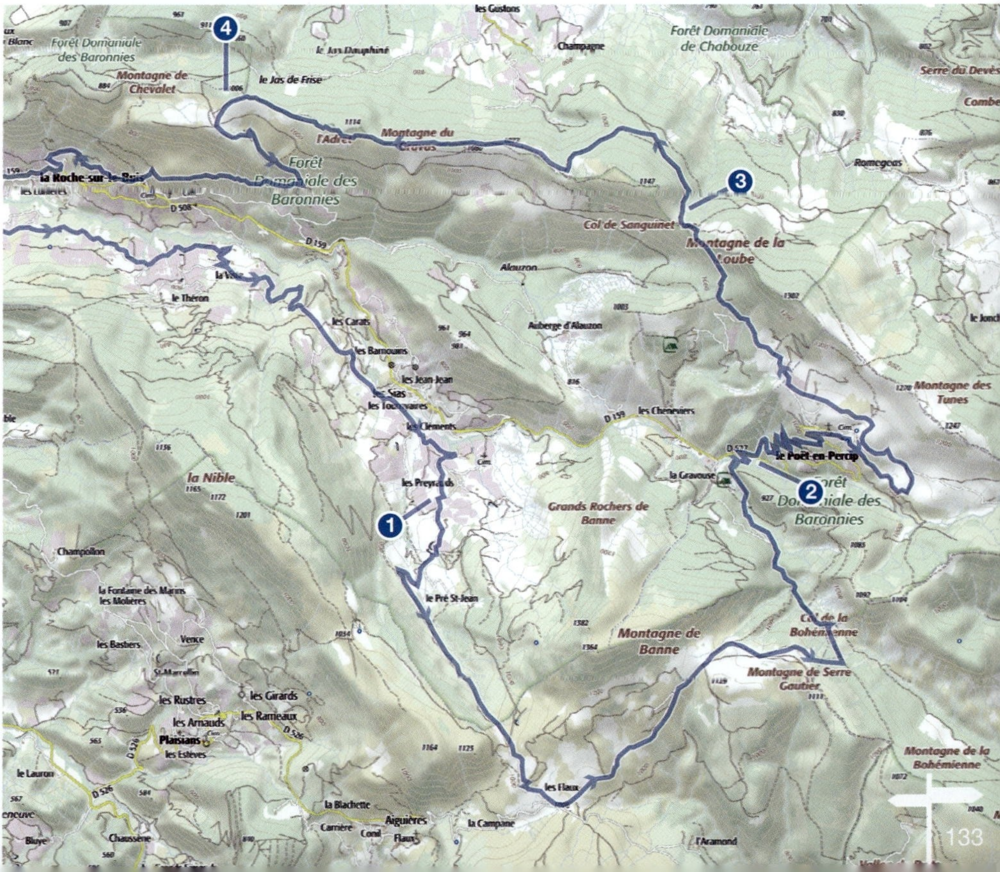

53. SUR LES TRACES DES VAUTOURS

V4-

Distance **35 KM** D+/D- **1450 M**
Durée **4H30** Difficulté **V4-**

Voici un parcours avec des superlatifs. Succession d'ascensions sur de belles pistes et de descente sur des sentiers rapides et parfois aériens, vues magiques, sensations de plaisir... Il vous arrivera même parfois d'être si près des vautours que vous aurez l'impression de les toucher.

Base FFCT Rémuzat, balisage n°4

Itinéraire

(459 m) Prendre la D61 direction Cornillon. Rouler encore 2 km environ avant d'emprunter le chemin qui part à droite. Et c'est parti pour 6 km d'ascension non stop, sur piste roulante au milieu des bois, pour rejoindre le Col d'Enclus.

(1 : 1081 m - 8,9 km) Partir en face en suivant le balisage VTT n°4. Descendre la piste en restant fidèle au «Sentier Emile». Continuer sur un beau monotrace au milieu des genêts, dans un décor panoramique. Passer de belles épingles en sous-bois et se rapprocher d'une falaise, sur sentier aérien. Rester prudent (passage à pied) et dévaler à nouveau la pente en prenant du plaisir dans le pilotage. Dans le fond du vallon, quitter le «Sentier Emile» qui partira à droite et filer à gauche en suivant le balisage GRP. Dépasser une bâtisse en pierre des «Eaux et Forêts» datant de 1933 et remonter à droite pour atterrir à un carrefour de pistes. Partir complètement à gauche et grimper de façon continue pendant 4,5 km pour rejoindre une aire de repos. Admirer le paysage avant de repartir en direction du Col de Staton, par le GRP.

(2 : 1139 m - 18,8 km) Du col, partir à gauche sur un chemin assez raide à travers la prairie. Passer des cairns et continuer sur un single avant d'arriver au point culminant de l'itinéraire. Dans la descente qui s'annonce, serpenter au milieu des arbres puis repérer des balises VTT sur un chêne. Suivre le n°4 qui part à droite sur une sente rapide et ludique à la fois. Lâcher les freins tout en maitrisant sa vitesse et continuer ensuite sur une piste un peu plus large, dans un cadre bucolique. Sortir des bois et apercevoir le village de Verclause. Sur un secteur presque plat, basculer à droite sur un chemin qui démarre d'un rocher. Après une courte descente, grimper jusqu'à une large piste. Virer à gauche en suivant le balisage jaune et rouge. Continuer sur une route. Juste après un pont, en vue des vestiges du château, partir en face en direction de la Lèche et Champ Frérand. Poursuivre l'ascension pendant 1.9km, sur route goudronnée, jusqu'au départ d'une piste forestière sur la droite. Grimper et appuyer sur les pédales pendant 800m ; lever la tête pour prendre à gauche à une bifurcation ; la piste se transforme en sentier quelque peu caillouteux à la descente. Passer devant un chêne majestueux puis traverser une piste pour filer en face sur un sentier herbeux, au-dessus de ruines d'une ancienne bergerie…

(3 : 743 m - 27,3 km) Grimper à droite et appuyer sur les pédales. Le chemin devient de plus en plus minéral. Plus haut, au niveau d'un gros chêne et de 2 cairns, virer à gauche et retrouver le balisage VTT. Filer sur un sentier herbeux, au-dessous de ruines d'une ancienne bergerie. Poursuivre sur un single en balcon, de plus en plus rapide. Le sentier devient piste et rejoint le carrefour pris à l'aller. Au découvert, s'engager sur le chemin de droite, face à soi. Suivre le PR et les indications VTT n°4, en direction de Rémuzat. S'engager sur une sente avec quelques passages techniques puis rejoindre une piste. Dévaler la pente en maitrisant sa vitesse, au-dessus d'un ravin, et rejoindre le point de départ. S'accorder un moment «zoologie» en se rendant à la Maison des Vautours.

Info environnement : *Réintroduits depuis 1996 à Rémuzat, les vautours colonisent toutes les belles falaises des Baronnies provençales. Pour en savoir plus sur les vautours, visitez la Maison des Vautours et participez aux sorties de terrain organisées par l'Association Vautours en Baronnies.*
www.vautoursenbaronnies.com

54. LA CRÊTE DU PLOMBARD

V4

Distance **24 KM** D+/D- **1000 M**
Durée **3H00** Difficulté **V4**

Ce circuit, parfait pour amateurs de VTT physique et technique, possède l'une des plus belles descentes de ce VTOPO Drôme. Tenez-vous bien : une descente de 4 km, sur single flanc de colline puis plongeant dans la vallée, d'un seul trait. Par contre, pour remonter sur les hauteurs, un poussage/portage endurant est à prévoir. Mais ensuite, quel bonheur !

Site FFC n°219 Val d'Eygues Pays de Nyons, balisage n°5

Itinéraire

(415 m) Du parking, partir à gauche et emprunter la D186 en direction de Chaudebonne. Passer le hameau du Monestier, continuer encore 700 m et bifurquer à droite pour descendre par un chemin goudronné. Passer devant une ferme puis, au niveau d'un beau chêne, prendre à droite et grimper par la piste, un peu rocailleuse au début mais ensuite beaucoup plus roulante et ce, pendant 3 km. Durant l'ascension, il faudra parfois appuyer fortement sur les pédales et également repérer le balisage VTT n°5 lors des quelques embranchements. Dépasser un jas (bergerie) en cours de restauration (en 2016 !) puis, 500 m plus loin, bifurquer à gauche et grimper par un chemin herbeux. Filer ensuite à droite sur un sentier monotrace à travers la forêt et atteindre une large piste. Prendre maintenant à droite et se laisser glisser pour atteindre le poteau du «Col de Maruen».

(1 : 785 m - 5,4 km) Bifurquer à gauche en direction de Villeperdix en suivant le balisage. Attention, la descente qui s'ensuit va mettre les sens en émoi tellement le plaisir est au rendez-vous, durant 4 km ! Les suspensions vont être sollicitées ainsi que la concentration lors de quelques passages techniques. Faire un dernier effort dans la petite côte bien raide avant d'arriver au village de Villeperdix. Traverser le village en suivant le balisage rouge et jaune. L'ignorer ensuite lorsqu'il descend sur la gauche et continuer sur la petite route goudronnée qui sort du village. Grimper maintenant pendant 3 km avant de rejoindre la Col de Chaudebonne tout en prenant le temps d'admirer les collines environnantes.

(2 : 760 m - 11,8 km) Du col, prendre le sentier qui part sur la gauche en direction du sommet du Plombard. Cette portion très raide obligera de pousser, porter voire même de rouspéter avant d'atteindre une prairie, en haut de la colline. Suivre ensuite le balisage VTT n°5 sur le sentier face à soi. Rouler maintenant sur les crêtes en ayant des vues sur Villeperdrix et le Mont Ventoux, au loin, plein sud. Rester attentif sur ce single puis redescendre plein gaz et dépasser le poteau «Col de Maruen» (point 1) vu à l'aller. Filer ensuite sur un beau monotrace, au milieu des chênes. Continuer en balcon puis suivre la piste qui part à gauche, balisée PR. Se laisser griser par la vitesse tout en maitrisant son VTT dans la descente en sous-bois. Tomber ensuite au niveau de la ferme de Sigala (soyez prudent lorsque vous arrivez à hauteur de la ferme : présence de chiens).

(3 : 570 m - 17 km) Partir à droite, dépasser un hangar agricole et continuer sur une piste pour atteindre un col. Dévaler ensuite une pente, toujours sur piste, pour finir au hameau du Monestier. Repérer le balisage qui se poursuit entre les habitations et grimper doucement le long des champs. Atteindre, plus loin, une route qu'il va falloir gravir. Au croisement d'après, basculer à gauche et descendre tranquillement (attention gravillons) jusqu'à la départementale. Repasser devant la mairie de Saint-Ferréol et rejoindre le point de départ.

Serre Piégu
la Rouvière
Col Renard
Serre des Rancs
Combe du Bruyen
Ancien Village de Chaudebonne
les Chauvets
les Angelettes
les Chaudrons
Bonne Buisse
Ferme du Col
l'Ubac
la Baume
Vautour
les Pérouses
le Frau
Plombard
Serre des Testes
Villeperdrix
Ferme Roulet
Ferme du Pérou
les Lichières
Serre la Baye
Serre du Partiment
le Grand Ubac
Ferme du Laup
le Collet
Ste-Anne
St-Ferréol
les Condamines
Ferme de la Tour
le Pouet
le Jas
le Château
la Blanche
le Monestier
le Vignal
la Moutonne
la Lauze
Champignol
la Grange de Fer
les Flacauts
St-Ferréol-Trente-Pas
Montagne de Sigala
le Marcel
Côte Bédoin
Ferme de Sigala
Ferme du plus Haut Laup
Rocher de Bramard
Eyroles
la Grand Grange
le Devès
la Buse
les Moutons
les Martrons
Granges
Trente Pas
les Gandus
les Grées
D 70
D 186
D 94
D 570
D 567
1
2
3

GRANDS TOURS

3 itinéraires différents de randonnées, de 2 à 5 jours, à travers les plus beaux paysages de la Drôme. Chacun d'eux sur un territoire différent, pour une envie d'évasion en tout temps.

La Haute-Vallée de la Drôme : Aux confins du département, partez à la découverte du territoire à la nature préservée, qui voit naître la rivière dont le département tire son nom. Cette rivière est l'une des dernières rivières «sauvages» d'Europe.

Le Tour de la Drôme des Collines vous emmène de coteaux en coteaux, de forêts en forêts, sur des sommets arrondis permettant de superbes points de vue. Ce parcours est le plus abordable, techniquement parlant, de ces trois «Grands Tours».

Le Tour des Baronnies en Drôme provençale s'adresse à un public suffisamment aguerri pour gravir de longues montées physiques et dévaler des sentiers techniques. Les paysages sont saisissants de beauté, la douceur de vivre y est omniprésente. Juste merveilleux.

55. HAUTE-VALLÉE DE LA DRÔME J1

V4

Distance **31 KM** D+/D- **1100/850 M**
Durée **4H00** Difficulté **V4**

La première journée de cette boucle est peu exigeante physiquement et assez roulante jusque Charens. Ensuite les choses se corsent un peu lors de la longue montée au col de Caille. Mais vos efforts seront largement récompensés par les deux descentes magnifiques ramenant à Valdrôme.

Site FFC n°230 Pays Diois, balisage n°35

Itinéraire

(639 m) De la ferme de la Rozières, prendre la piste quasiment en face. Traverser la rivière et continuer 300 m. Prendre alors la piste à droite qui rejoint la crête - montée raide. En haut prendre à gauche et rejoindre l'aire de retournement. Partir sur le single à gauche qui rejoint à nouveau la piste. Continuer la piste vers le Sud. Dans le fond du vallon, partir à gauche.

(1 : 640 m - 5,4 km) En rejoignant le goudron, partir à droite vers Beaumont. Au village prendre à gauche pour passer devant le camping. Juste après prendre à gauche la piste qui monte jusqu'à Haut-Charens.

(2 : 990 m - 12 km) Au village, rester sur la droite pour rejoindre le centre. Quitter le village en suivant le tracé jaune. Après la petite descente raide, le chemin remonte dans les prés – attention de ne pas perdre la trace ! Continuer à suivre le tracé jaune jusqu'à la route. Descendre alors vers Charens et s'arrêter à la première épingle. Partir alors à droite sur un single en direction de Charens.

(3 : 880 m - 14,6 km) En rejoignant la maison, prendre à droite la piste qui remonte vers Valdrôme. Rester à gauche pour rejoindre Artamare par cette piste. Après les maisons, continuer tout droit et prendre deux fois à droite aux prochains carrefours. Au bout du champ remonter à gauche. Poursuivre sur la piste en face en direction de Valdrôme. Continuer toujours dans cette direction en montant la piste parfois raide. On finit par redescendre un peu et atteindre le col de la Caille.

(4 : 1299 m - 21,6 km) Au col, prendre à gauche le single vers Bascoux. Juste avant le hameau, prendre à gauche sous les poiriers. Remonter en restant à droite et atteindre ainsi la crête de Serre Marsin. Descendre à droite sur 400 m. Passer au dessus de la clôture et continuer sur le single tracé jaune. Descente très plaisante. Au bout du single, rejoindre Valdrôme en descendant la piste et la route qui suit.

Info circuit : *Pour effectuer ce circuit en deux jours, vous avez la possibilité de vous loger dans deux campings. Celui de Rozières au départ du tour, ou celui de Valdrôme plus calme situé entre les deux journées.*

Michane
DU MARAVEL
la Vière
la Viste
Pié Plat
Chandel
D 175
les Côtes
Ferme du Lac
D 93
D 150
Beaurières
Ferme de Drôme
Beaumont-en-Diois
le Cheylard
les Tours
le Pontillard
Chanteduc
Baritel
les Boulignons
St-Martin
Serre de la Molle
Bois du Fays
Ferme du Villaret
les Sagnas
St-Roman
les Cassés
le Grand Essart
Pie Aubert
D 145
la Soupe
Haut Charens
D 306
le Bois
Pracheton
le Chouet
les Auberts
Artamare
Charens
les Ochës
les Ranchons
le Chabanas
les Chitons
Roux
les Prés
BOIS MOL
Montagne de Tarsimoure
la Bornel
Brescuègne
Brézès
Bas Brézès
le Mas
Grange Neuve
les Granges
Peyre Mancip
la Plaine
Bial de Rossas
Ferme du Col de Rossas
les Bascous
les Rousses
l'Aire d'Angeais
Vaugelas
Valdrôme
le Bourg
Giaudas
D 106
Terrevelle
Col de Rossas
la Duque
Chapouiller
les Galères
les Morels
le Berli
Rossas
les Arbres
les Bernardons
Col du Fays

56. HAUTE-VALLÉE DE LA DRÔME J2

V4

Distance **54 KM** D+/D- **1500/1750 M**
Durée **7H00** Difficulté **V4**

Cette seconde journée est plus technique et presque deux fois plus longue que la première. Après la première grosse montée à la station de Valdrôme, le reste du circuit est plus roulant et beaucoup de descentes se font sur single. Quelques courtes remontées nécessitent de pousser le vélo. C'est une seconde journée éprouvante mais vraiment plaisante autant pour la qualité du VTT que pour la beauté du tour.

Itinéraire

(1 : 1090 m - 5,6 km) Prendre à gauche, plein sud sur la piste. Continuer sur cette piste durant 7 km jusqu'à la source des Praux. Continuer alors en face sur la branche de gauche jusqu'à la crête.

(2 : 1240 m - 14,1 km) Prendre à droite le chemin qui monte raide – petit poussage nécessaire. Continuer le single qui suit jusqu'à la piste. Garder le sentier de randonnée et passer devant la cabane de Pré Pourri. Poursuivre en direction de la station de Valdrôme, d'abord sur le tracé de randonnée et ensuite sur la piste de gauche. Traverser la station en restant sur la route et faire le tour de la petite colline.

(3 : 1330 m - 19 km) Au bout, prendre à gauche la belle piste vers le col du Charron. Au col, prendre le sentier à droite en direction du col de Carabès. Le sentier suit la crête, il est assez roulant mais peut demander de descendre du vélo sur de courtes sections. Au col, descendre la route à gauche sur 500 m.

(4 : 1220 m - 25,6 km) Remonter à droite le chemin forestier de Chautier. En rejoignant la crête, poursuivre vers le nord. Au premier embranchement en Y, prendre la branche de gauche horizontale. Au carrefour suivant, remonter courageusement à droite sur la piste. Poursuivre jusqu'à la clairière sous le sommet, le col du Célard. Poursuivre en face sur un sentier peu marqué dans les arbres. Après une courte montée on rejoint le tracé jaune. Prendre alors à gauche et descendre jusqu'au col de Cabre.

(5 : 1180 m - 33,9 km) Pousser le vélo sur le sentier en face durant 15 minutes. On rejoint la croupe, le sentier se met alors à descendre en balcon – superbe section, longue et très plaisante. Suivre le tracé GR à droite lorsque le chemin s'élargit. Remonter et rejoindre le village du Pilhon. Traverser le hameau en suivant le tracé blanc/rouge.

Pracheton
le Chabanas
l'Aup
Banne
les Prés
D 306a
D 306
le Collet
la Maure
Chamel
Boulon
Roc de la Tour
Maison Forestière du Villard
la Bâtie-des-Fonds
Riobel
D 106
la Haute Valette
la Valette
les Rousses
l'Aire d'Angeais
Vaugelas
Valdrôme
la Duque
le Bourg
Giaudas
les Garants
les Pauvrets
les Hugues
le Cheylard
les Alléouds
Pré du Brusc
les Pérouses
le Serre
la Marine
Brigadel
les Mairies
Coureng
les Orgières
l'Échaillon
Mirabelle
D 806
les Granges
le Château
les Ailes
Bourriou
Baume Rousse
Station de Valdrôme
la Piarre
ac des Praux
Pré Pourri
le Cabanon des Cimes
le Vissac
Montagne de la Sarcéna
Montagne de l'Aup
Forêt Domaniale de l'Oule
le Duffre
Bois de l'Ubac d'Auron
Champ
D 27

(6 : 1100 m - 40 km) En sortant, prendre à droite le single tracé GR qui descend en balcon. En rejoignant la piste, prendre à gauche 150 m et poursuivre à droite sur le tracé qui remonte le long de la prairie – toujours le tracé GR. Suivre ce tracé en empruntant les pistes et rejoindre la route.

(7 : 1010 m - 46,7 km) Partir à droite sur le goudron pour traverser Lesches-en-Diois. Après le village, prendre dans le premier virage, la piste qui remonter 20 m. Garder le tracé de randonnée pour rejoindre le col de Gras. Continuer un peu sur la crête et entamer la descente sur le sentier versant nord. Terminer la descente sur la route et retrouver à droite le point de départ aux Rozières.

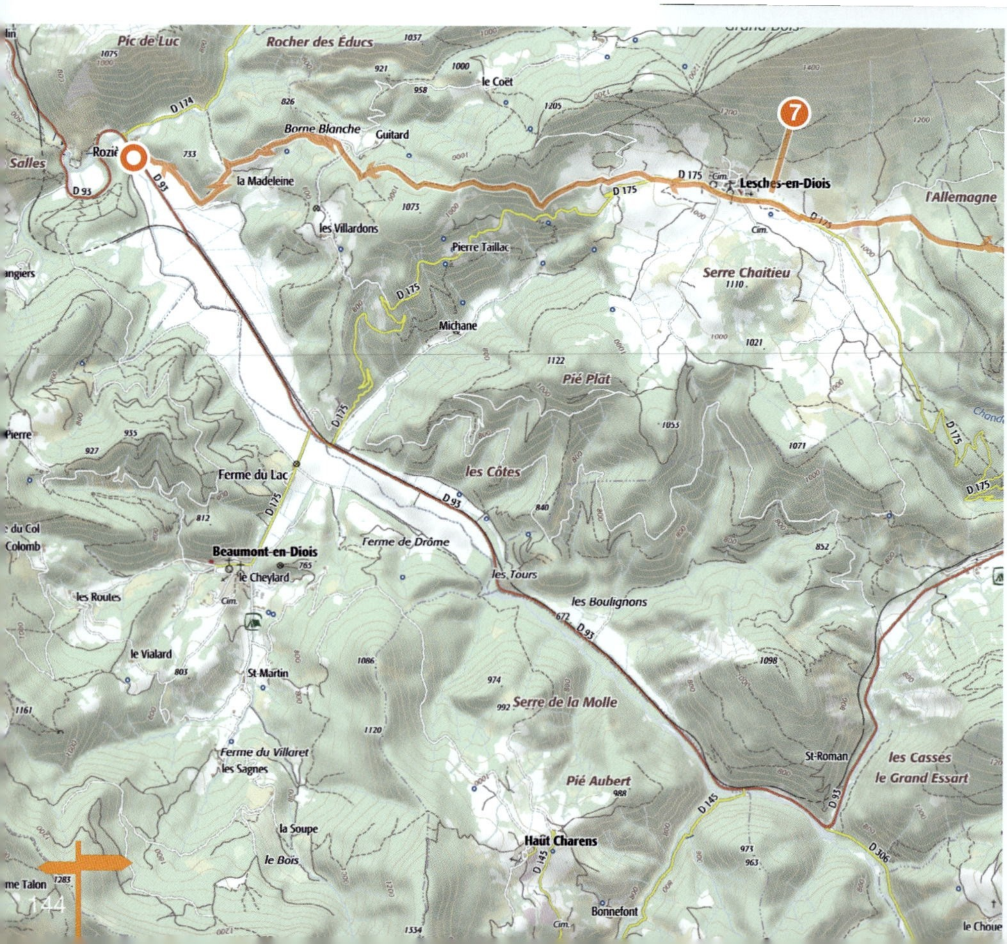

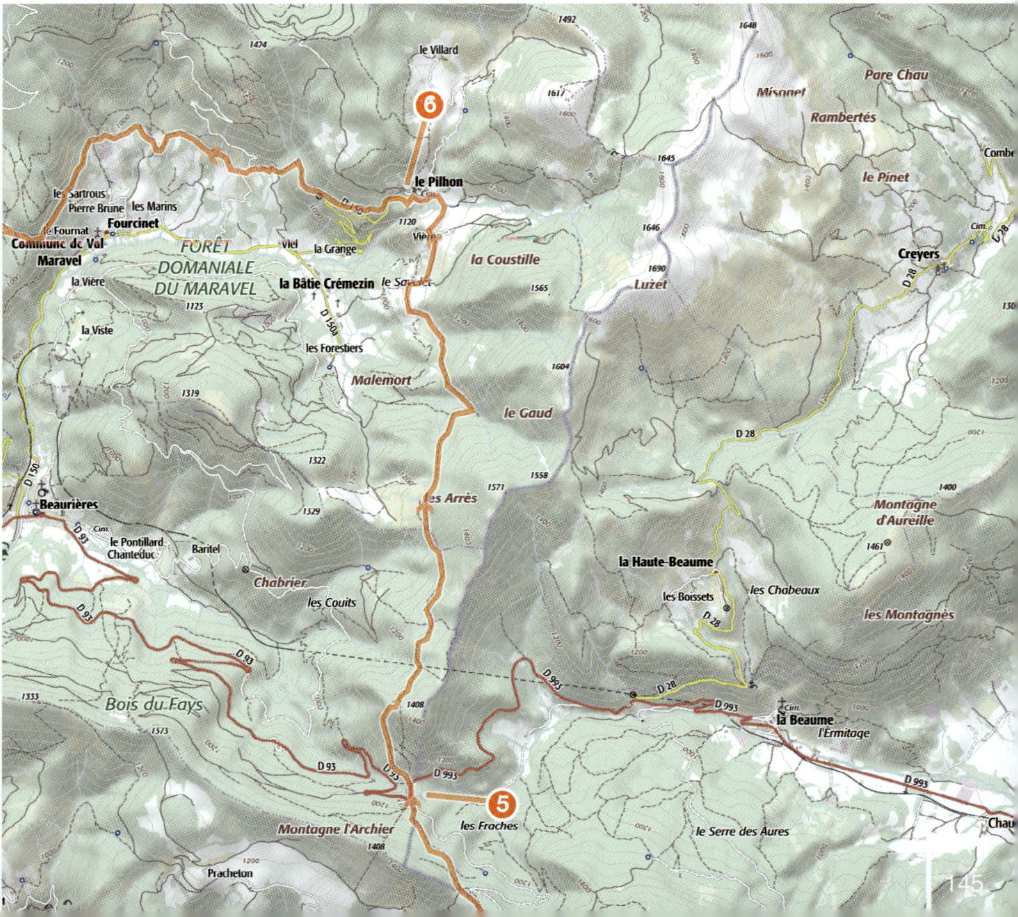

le Villard
6
le Pilhon
Misonnet
Rambertés
Pare Chau
Combe
le Pinet
les Sartrous
Pierre Brune
les Marins
le Fournat
Fourcinet
Commune de Val-Maravel
FORÊT DOMANIALE DU MARAVEL
Viel
la Grange
la Coustille
Creyers
la Vière
la Bâtie Crémezin
le Savdier
Luzet
la Viste
les Forestiers
Malemort
le Gaud
D 28
D 150
Beaurières
les Arrès
le Pontillard
Chanteduc
Baritel
Montagne d'Aureille
la Haute-Beaume
Chabrier
les Couits
les Boissets
les Chabeaux
les Montagnès
D 93
Bois du Fays
D 993
la Beaume
l'Ermitage
5
Montagne l'Archier
les Fraches
le Serre des Aures
Pracheton
Chau

57. DRÔME DES COLLINES J1

V2+

Distance **44 KM** D+/D- **890 M**
Durée **4H00** Difficulté **V2+**

Ce «Tour de la Drôme des Collines» est le plus accessible techniquement des «Grands Tours» présents dans ce topoguide. Il vous emmènera de vallons en forêts, le long de champs et de vergers. Cette première étape, de Tain-l'Hermitage à Peyrins, vous donnera un avant goût de la suite. Le passage dans le Bois des Ussiaux sera marquant.

Itinéraire FFC, balisé «Tour de Pays de la Drôme des Collines» (balise rouge)

Itinéraire

(120 m) Du parking, partir en direction de la voie ferrée et passer sous le pont. Partir à droite et, juste après la cave vinicole, bifurquer à gauche. Dans la courbe, grimper par le chemin en face. Poursuivre l'ascension et atteindre un chemin goudronné. De là, partir à droite jusqu'à une croix. Reprendre à gauche et traverser plusieurs petites routes pour arriver aux «Plots». Partir maintenant à droite et continuer sur un chemin au milieu des vergers. Récupérer un PR et le suivre jusqu'à Larnage. À la 1re intersection, prendre la «Montée de la Fabrique». À une patte d'oie, suivre le balisage GRP qui monte à gauche et se retrouver sur les hauteurs. Couper une départementale et filer en face par le «Chemin des Gallières». Contourner une ferme et suivre un chemin qui glisse en direction de l'autoroute. Passer au-dessus de l'A7 et se retrouver à un STOP. Prendre en face en direction de la Chapelle Saint-Pierre et, au pied de celle-ci, bifurquer à gauche sur le chemin herbeux, le long d'un verger d'abricotiers. Remonter ensuite la route, passer en sous-bois et rejoindre un carrefour face à un grand bâtiment. Suivre le GRP qui part à gauche et qui s'engage entre les arbres. Se laisser glisser jusqu'à un rond-point.

(1 : 192 m - 12 km) Traverser le village de Chantemerle et prendre la direction de Saint-Donat. Prendre rapidement à droite, passer devant le cimetière et grimper sur les hauteurs. Au niveau de la ligne haute tension, virer à gauche et filer le long des vergers. Rester sur le GRP tout en apercevant le Vercors, à l'est. Couper une petite route et s'engager sur un chemin sablonneux. Longer un bois et, juste après la vigne, bifurquer à gauche et s'engager sur un monotrace. Au bout, partir à droite et rejoindre la route. À la bifurcation suivante, un beau chêne fera la séparation, partir à droite. Passer au-dessus de la voie ferrée (LGV) et continuer sur le chemin balisé GRP. Au croisement, juste avant une ligne électrique, prendre à gauche par le «Chemin des Courioles». À un petit hameau, prendre à gauche en restant fidèle au balisage puis filer sur un chemin de terre qui mène à une départementale, face à un entrepôt. Monter en face puis filer gauche jusqu'à des serres. 100 m après, au niveau d'un boite aux lettres, prendre à droite et suivre un chemin, sablonneux par moments, qui grimpe dans les bois. Déboucher sur une route, passer entre 2 maisons et suivre le GRP. La pente qui s'annonce sera quelque peu technique, en filant dans un beau vallon par un single encaissé. Rejoindre le poteau «Combe de Chaloray».

Remonter ensuite le «Chemin de la Roche». Suivre le balisage jaune et rouge, à l'ombre des chênes, et filer en direction de Saint-Donat, par la droite. 100 m après, prendre le chemin sur la droite et continuer toujours tout droit. Rester sur le GRP et s'engager, un peu plus loin, sur un single qui longe une clôture. Arriver sur un virage en épingle à cheveux et basculer de suite à droite sur un nouveau single. Après les deux passages délicats, longer un collège privé et arrivé au centre de Saint-Donat.

(2 : 210 m - 28 km) Prendre en face en direction de Bathernay puis la 1re à droite pour atterrir à un STOP. Filer à gauche et, au rond-point, continuer vers Peyrins. Dépas-

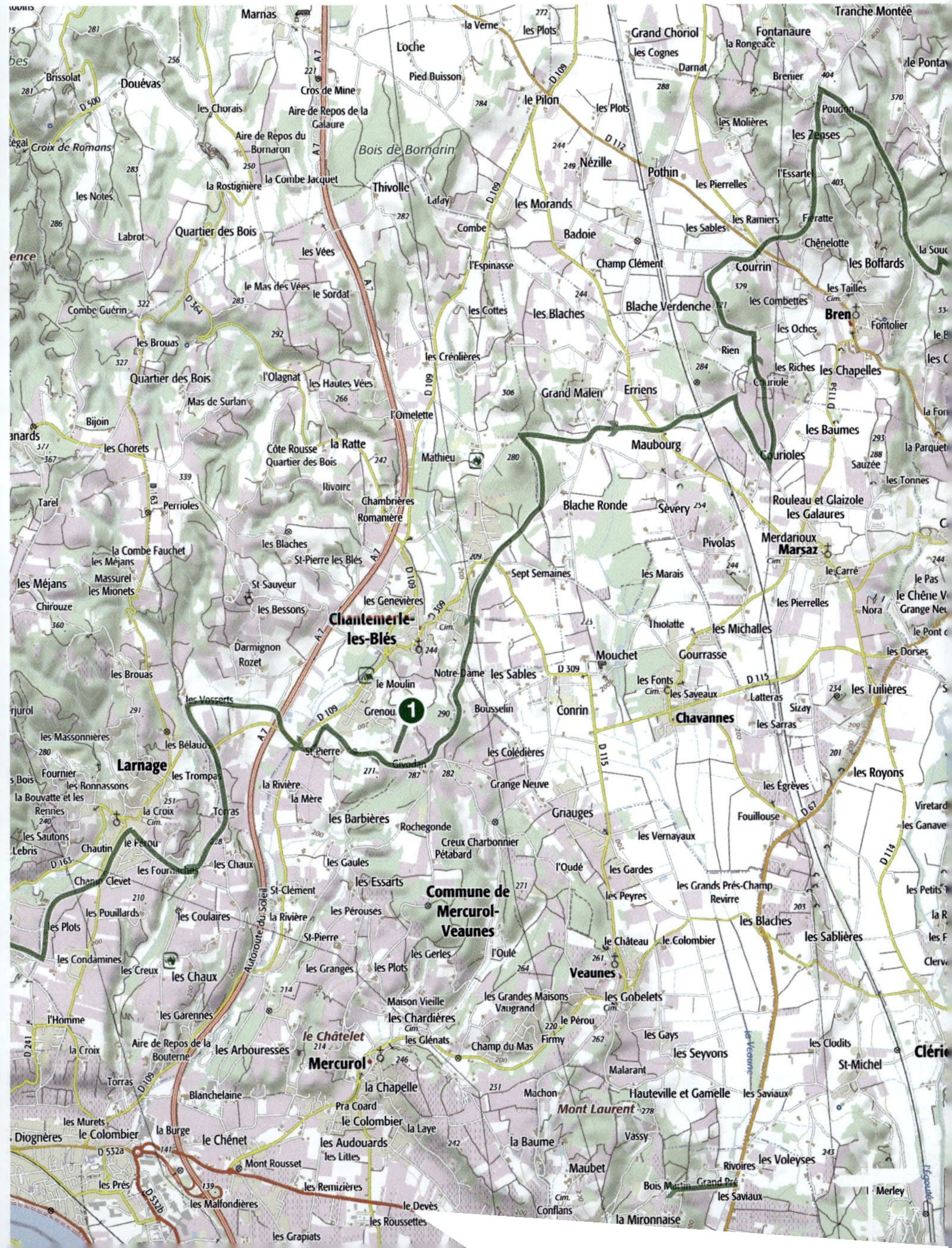

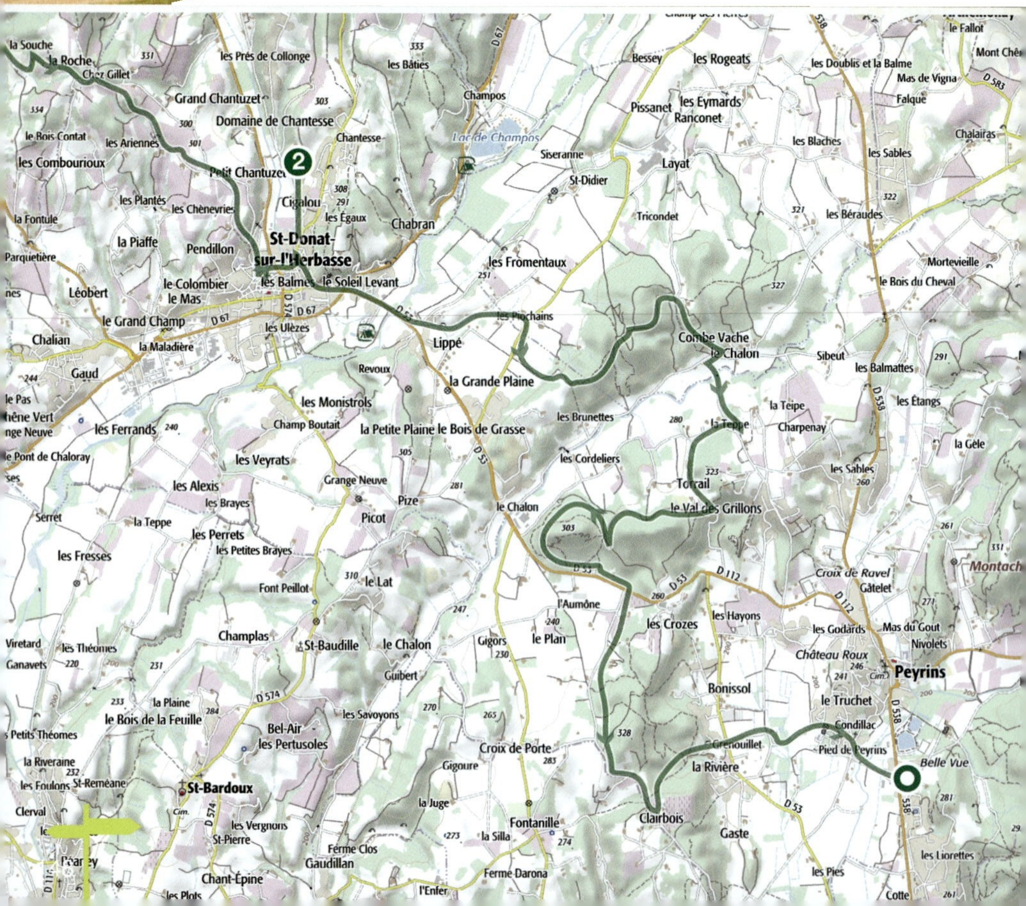
la Souche
la Roche
Chez Gillet
331
les Prés de Collonge
333
les Bâties
D 67
Bessey
les Rogeats
les Doublis et la Balme
le Fallot
Mont Chê
Mas de Vigna
D 583
Falque
334
Grand Chantuzet
303
Domaine de Chantesse
Champos
Pissanet
les Eymards
Ranconet
300
301
le Bois Contat
les Ariennes
Chantesse
Lac de Champos
Chalairas
les Blaches
les Sables
les Combourioux
Petit Chantuzet
2
Siseranne
Layat
St-Didier
308
291
les Plantés
les Chènevries
Cigalou
les Égaux
la Fontule
Chabran
Tricondet
321
les Béraudes
322
la Piaffe
Pendillon
St-Donat-
sur-l'Herbasse
Parquetière
les Fromentaux
251
Mortevieille
le Colombier
les Balmes
le Soleil Levant
327
le Bois du Cheval
Léobert
le Mas
D 67
le Grand Champ
D 67
les Prochains
Chalian
la Maladière
les Ulèzes
Lippé
Combe Vache
le Chalon
Sibeut
291
les Balmattes
Gaud
Revoux
244
la Grande Plaine
le Pas
les Monistrols
les Étangs
D 538
la Teipe
les Brunettes
les Ferrands
240
Champ Boutait
la Petite Plaine
le Bois de Grasse
280
la Teppe
Charpenay
la Gèle
le Pont de Chaloray
305
les Veyrats
les Cordeliers
D 53
les Sables
260
Grange Neuve
323
les Alexis
281
Torrail
les Brayes
Pize
le Chalon
le Val des Grillons
Serret
la Teppe
Picot
les Perrets
303
261
les Petites Brayes
331
les Fresses
D 53
D 112
Montach
Croix de Ravel
310
le Lat
Gâtelet
Font Peillot
260
D 53
247
l'Aumône
les Hayons
271
240
Champlas
le Plan
les Crozes
les Godards
Mas du Gout
Viretard
les Théomes
St-Baudille
le Chalon
Gigors
Nivolets
220
230
Château Roux
Ganavets
231
246
Peyrins
Guibert
241
Bonissol
le Truchet
233
la Plaine
270
284
les Savoyons
le Bois de la Feuille
D 574
Condillac
265
les Petits Théomes
Bel-Air
les Pertusoles
328
Grenouillet
Pied de Peyrins
Croix de Porte
la Riveraine
232
Belle Vue
283
la Rivière
Gigoure
les Foulons
St-Reménane
St-Bardoux
281
Clerval
la Juge
Clairbois
D 53
Fontanille
les Vergnons
St-Pierre
273
la Silla
274
Gaste
Ferme Clos
Gaudillan
les Liorettes
Chant-Épine
Ferme Darona
les Pies
l'Enfer
les Plots
Cotte
261

ser la rivière Herbasse et filer à gauche. Arriver à une départementale et prendre à droite jusqu'au croisement suivant. Bifurquer à gauche et suivre cette piste au milieu des champs. Continuer en sous-bois en suivant fidèlement le GR. Poursuivre sur un chemin qui sépare des champs de colza et retrouver, plus loin le «Chemin de Torrail». Grimper la côte, légère, et arriver au niveau d'un portail. Prendre à droite et filer sur une belle sente, en lisière de châtaigniers. Suivre le GR, dans ce cadre enchanteur, jusqu'à un carrefour de sentiers. Partir maintenant complètement à droite en suivant un balisage jaune. Dépasser un parcours d'accrobranche et suivre ce beau chemin de terre, dans un esprit ludique. Atteindre une aire de pique-nique. Repartir en suivant le GR, pendant 2 km sur une petite route, et virer à gauche pour dévaler la combe de la Barnière. Après ce beau passage encaissé, traverser une départementale et suivre le GRP qui mène à Peyrins.

V3-

Distance **43 KM** D+/D- **1300/1000 M**
Durée **5H00** Difficulté **V3-**

De Peyrins, pour rejoindre Montrigaud, il faudra emprunter des singles le long de ruisseaux, des chemins en pleine forêt et des sentiers en balcon permettant de magnifiques points de vue sur le Vercors. En guise de final, un single technique qui surplombe un vallon ! Un conseil : ne pas hésiter à emprunter les échappatoires lorsque vous vous retrouverez face à un passage marécageux. En effet, l'exploitation forestière laisse souvent quelques marques difficiles à faire partir !

Itinéraire

(192 m) Du rond-point, traverser la zone d'activités et suivre le GRP, via un chemin carrossable. Couper une départementale et, au niveau d'un gué, bifurquer à gauche et s'engager sur le «Chemin du Ravi». 300 m après une habitation, prendre à droite un chemin qui rentre dans le bois. Prendre de l'altitude puis redescendre entre des enclos pour atteindre un croisement. Rester fidèle au balisage GRP en continuant sur une petite route. Virer ensuite à droite en empruntant le «Chemin de l'orée du Bois». Rejoindre une route et arriver à un carrefour, face au panneau D517. À la «Croix de Tournu», prendre la direction de «Saint-Michel-sur-Savasse» et suivre le GRP à travers un bois de châtaigniers. Au poteau «Côte Velay», adossé à un chêne, partir en face et dévaler la pente tout en restant prudent (cailloux assez traitres). Traverser la route et grimper, en suivant toujours le GRP, par une piste qui mène au sommet d'une colline. Partir à gauche, entrapercevoir une tour en ruine (cachée par des arbres) et, au croisement suivant, partir à droite. Suivre le balisage et filer plus bas sur un single le long d'une prairie puis le long d'un ruisseau (attention aux orties). Arriver face à un champ de noyers, au bout de ce monotrace.

(1 : 280 m - 16,9 km) Partir à gauche et grimper le chemin (quelques menus poussages sont à prévoir) pour rejoindre un hameau. Juste à la sortie, virer à droite et descendre un chemin caillouteux qui mène à une exploitation agricole. Suivre la route qui part en face et, juste après être passé au-dessus d'un ruisseau, bifurquer à gauche et suivre cette piste forestière, le long du cours d'eau. Atteindre, plus loin, une grange (séchoir) au niveau du poteau «les Combes». Prendre en face et grimper. Le chemin se rétrécira et longera une prairie. Dépasser des habitations puis bifurquer à gauche en suivant le GRP. Monter par un beau sentier herbeux puis à flanc de colline avant de tomber sur un chemin goudronné. Remonter sur la route. Prendre à gauche puis, 100 m après, rentrer dans la forêt. Au premier croisement, trouver un poteau PDIPR et prendre la direction de Saint-Antoine l'Abbaye. Continuer toujours tout droit en suivant le GRP, sur plus d'1 km, et dans une descente, obliquer rapidement à gauche pour retrouver le balisage du GRP.

(2 : 521 m - 24,7 km) De ce croisement, remonter le chemin au milieu des bois et continuer toujours tout droit (la vue se dégagera au fur et à mesure, pour contempler le Vercors). Atteindre un Relais Cynégétique (pause souhaitée) au niveau du poteau «les Reynauds» et prendre la direction de «Dionay». Juste après une exploitation agricole, partir à gauche sur un chemin herbeux et poursuivre sur un single puis sur une piste pour atteindre une départementale. Suivre le GRP jusqu'au poteau «le Grand Vernay» et prendre la direction de «Mouchet», puis celle de «Dionay». Entrer dans la Forêt de Chambaran et suivre le balisage jaune et rouge. Ne se poser aucun

problème d'orientation à travers la forêt. Dépasser une belle ferme pour se retrouver, 400 m après, à un carrefour.

(3 : 591 m - 33,1 km) Virer à gauche et descendre un chemin pour atteindre un hameau. Suivre le balisage qui partira à gauche et rentrer à nouveau dans la forêt. Continuer toujours face à soi, sur près de 3 km, pour atteindre le poteau «les Rousses» à une croisée de chemins. Suivre le GRP jusqu'à «Front Froide» puis partir à droite. Grimper peu de temps puis filer jusqu'à une clairière. Prendre à droite sur une piste roulante en restant sur le balisage. À un carrefour de pistes, prendre en face par le «Chemin de la Plume» puis s'engager à droite, dans une zone boisée de pins sylvestres. Continuer entre des feuillus puis attaquer une pente pour atterrir à une route, au niveau du poteau «la Plume». S'engager sur le single, en face et balisé PR et VTT, et surplomber un beau vallon. Rester sur ce monotrace qui longera ensuite une prairie. Traverser deux ruisseaux (on mouillera les chaussures) puis rejoindre une départementale. Partir à droite et, à l'intersection suivante, bifurquer à gauche et grimper ce chemin goudronné. Prendre l'église que l'on voit pour azimut et continuer sur un sentier herbeux pour rejoindre le village de Montrigaud.

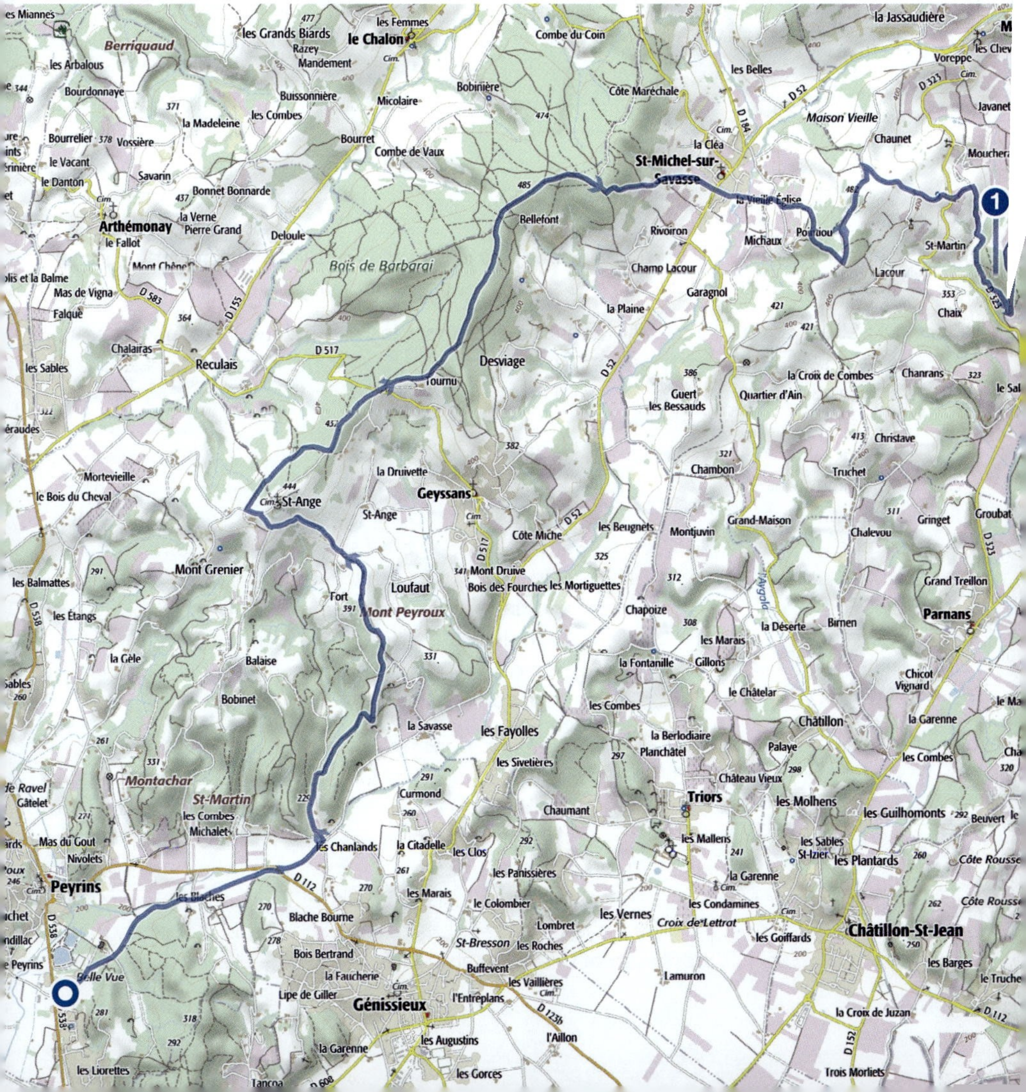

FORÊT DOMANIALE DE CHAMBARAN
Montrigaud
le Bourg
le Cassot
le Brûlé
les Hayes
les Verrières
les Communaux de Montrigaud
les Grillotières
la Rapée
les Pies
Combe de Bas
les Meuilles
la Reilla
les Balmes
la Pouye de l'Air
les Rues
Guépiolat
Gonnet
la Plume
la Bascule
le Martinet
les Cètés
Chambaran
l'Hôpital
les Pitrauds
les Gorzes
Joug
la Feyta
les Chambarans
la Verte
Quartier de l'Herbasse
le Derine
Combe Petosan
Petosan
le Many
les Adrets
le Péron
la Verne
la Chauchère
le Chénard
le Béché
la Forêt
la Gravelière
Faveyron
Arquais
Janrand
Bois de Manenchon
les Tarabeux
Chillotière
Bourjonnière
Perollière
Cottoyaux
les Bâties
les Jacques
Combe de Font Froide
les Sadières
l'Adroit
Sinvalet
le Mouchet
Grange Neuve
Beauregard
Combe de Pellalion
Chapponay
Pellalion
Dionay
les Sarrets
Devant Dionay
Grande Côte
Maison Vieille
Michon
Maison Forestière de la Marquise
Mas de la Mourinière
l'Allemagne
l'Envers
les Paillers
les Combes
St-Bonnet-de-Valclérieux
les Lombards
les Fagoutières
la Mure
Ferme Mottin
Prade
Charéadière
Combe des Faures
Potrou
Combe de la Cure
la Feyta
le Chalon
Bémont
les Gardettes
la Jayère
Col de la Madeleine
la Crétinière
Jean Clos
Ahraham
Feyzin
Commune de Saint Antoine l'Abbaye
la Rivoire
la Bâtie
Grand Champ
Bois Communal de St-Bonnet-de-Valclérieux
Bois Communal de St-Antoine
FORÊT DE THIVOLET
les Reynauds
Belan
le Joz
St-Antoine l'Abbaye
la Bergère
Chopière
Montmartel
la Contamine
Fontfroide
le Beuclar
les Grands Bois
la Bruyère
Cossioz
St-Vernay
le Moulin Rey
la Cloitre
la Pelletière
la Forêt
le Gourrat
Ratelière
le Colombier
Serans
les Brudeaux
les Paladus
les Allamands
les Secs
Crose
Quartier de Montagne
Fontanger
les Brunes
le Penon
les Bayeux
la Jassaudière
Montmiral
les Chevalières
Voreppe
Ravaney
l'Hôpital
Croix de la Cave
le Château
le Grand Pré
les Chaix
Ballan
les Courtis
En Perey
les Pierres
la Plantas
les Epieroux
les Belles
Maison Vieille
Javanet
Chaunet
Moucherand
Melin
la Grainerie
les Combes
Seglière
Bigolière
Tôt
Montagne
le Corty
Croix Rouge
la Morletière
la Vieille Église
Michaux
Pourraou
St-Martin
Lacour
Chaix
le Sabot
les Guillons
les Belles
le Plumet
le Charron
le Bois Blachon
la Goutte
Bois Burais
Boffard
Déruine
Denissaire
Grand Champ
Contamine
le Châtelard
la Croix de Combes
Chanrans
le Saladot
Francon
Quartier d'Ain
Christave
Maillet
Buis Marret
Replat
Truchet
les Creux
Champ Foix
Buis Jaquet
Gaudin
les Muronnières
les Combes
Bois Rousset
le Ravet
le Pillon
Mas
D 228
D 67
D 67a
D 27
D 20b
D 155
D 184
D 52
D 323
D 68
D 137
D 20d
D 20f
1
2
3

V3 Distance **52 KM** D+/D- **880/800 M**
Durée **5H30** Difficulté **V3**

Cette étape vous emmène du paisible village de Montrigaud au site médiéval de la Tour d'Albon en passant par d'autres sites qui méritent de s'y attarder. Ça sera le cas au niveau de l'étang Joanna Maria, au vitrail de l'église de Saint-Martin-des-Rosiers considéré comme l'un des plus grands d'Europe, au village médiéval du Grand Serre.... Il y aura de nombreux passages en sous-bois, près de châteaux, sur les hauteurs. Bref, ça sera diversifié et incitera souvent à la pause contemplative.

Itinéraire

(463 m) Du centre de Montrigaud, prendre la direction du cimetière. Le dépasser puis grimper sur une piste, le long d'un champ. Suivre le balisage jaune et rouge, glisser tranquillement jusqu'à une départementale. Passer au-dessus d'une rivière et prendre, immédiatement à droite, une piste qui sépare des pâturages. Au bout, monter à gauche sur un chemin caillouteux. Ça s'aplanit avant d'arriver à une route. Prendre en face et continuer sur une large piste. Eventuellement s'arrêter à l'étang puis repartir tout droit, fidèle au balisage GRP. Ça reste très roulant. Plus loin, quitter la piste et bifurquer à gauche en suivant le balisage. Alterner zones de sous-bois et clairières avant rejoindre une route (panneau D265a). Dans la courbe, continuer tout droit. Poursuivre tranquillement sur la piste (parfois très marécageuse). Quelques espaces ouverts permettront de voir des éoliennes. Couper ensuite une départementale et rentrer dans le bois, 20 m plus loin. Suivre le GRP et finir dans une descente, recouverte de feuilles et de cailloux. Passer un gué (un petit pont permet de traverser en cas de crue) et rejoindre la D51.

(1 : 340 m - 15,7 km) Prendre en face et continuer sur la route goudronnée. À la patte d'oie, prolonger à droite sur un chemin carrossable. Atteindre une départementale puis grimper à gauche et poursuivre sur une piste, au milieu des champs. Arriver en limite d'un terrain militaire et bifurquer à gauche pour se laisser glisser jusqu'à une route. Prendre ensuite en face, en suivant le balisage, et rejoindre un plateau. Longer des champs puis s'enfoncer dans la forêt. En ressortir et suivre le GRP qui passe près d'un cimetière. Rejoindre le centre du village de Lens-Lestang. Partir à droite, passer devant l'église et, à la sortie du village, suivre le balisage qui part à gauche, par le «Chemin Bourgeat». Filer au milieu des bois, passer tout près d'une très belle demeure et continuer jusqu'à rejoindre un chemin goudronné. Rester sur la piste qui mène à un chemin carrossable. Virer à droite et face à une habitation et une route, obliquer complètement à gauche et appuyer fortement sur les pédales pour se retrouver en haut de la colline. Rejoindre le poteau «les Cinq Croisées» au niveau d'une départementale. Suivre la piste qui part en face, et rester fidèle au balisage. Emprunter ensuite une portion goudronnée avant de continuer dans les bois. Rester sur le GRP, passer sous une voie ferrée (LGV) et continuer jusqu'à se retrouver sur une départementale.

(2 : 260 m - 40,4 km) Prendre en face le «Chemin de la Brončonnerie», carrossable, en suivant également le balisage vert et blanc, sur poteau en bois. Continuer tout droit, pendant 1 km, avant de bifurquer à gauche au niveau d'une haie de lierre. Se fier au balisage du GRP, fidèlement, jusqu'à dépasser le hameau des Epars et arriver à un carrefour. Partir à gauche, sur un chemin, et grimper dans le bois pour tomber face à un champ. Prendre ensuite à droite et filer toujours tout droit, traversant bois

et champs, sur un peu moins de 5 km. Au relais hertzien, au niveau d'une patte d'oie, prendre à gauche et longer les vestiges de la Tour d'Albon, perchée sur une motte. Le site archéologique mérite un arrêt. Reprendre le fil de l'étape en suivant le balisage puis s'engager dans une pente, qui va demander de l'attention et de la dextérité, avant d'atterrir sur une route et rejoindre doucement le hameau de Saint-Martin-des Rosiers, faisant partie de la commune d'Albon.

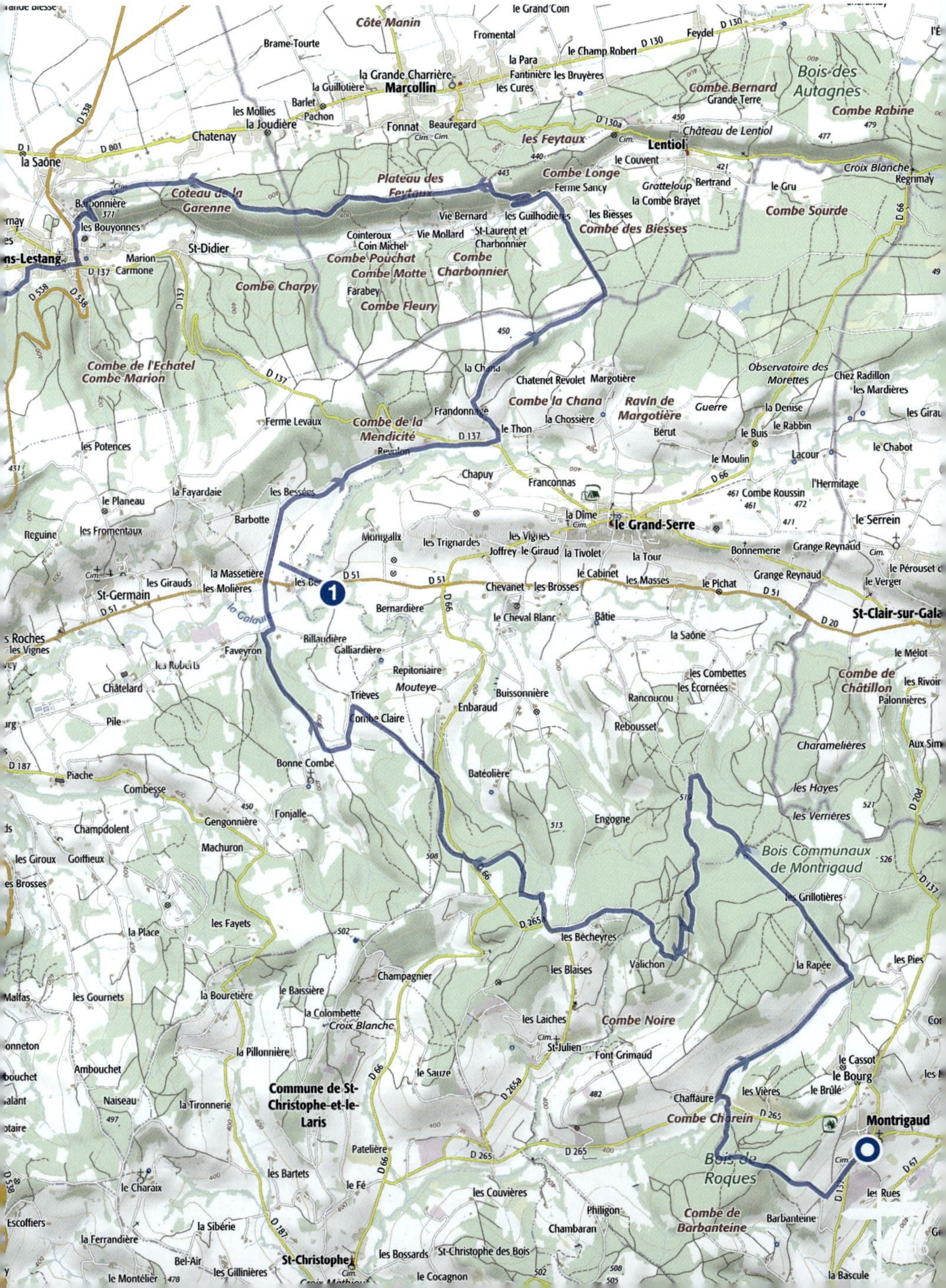

les Clavettes
les Clavettes d'Anneyron
les Cages
la Brûla
Poulet
la Veuze
Fixe-Magne
Coinaud
Coinaud
D 246
Pétille
D 266
les Chimours
les Desmeures
les Clotrières
Clacieux
D 266
Colombier
D 182
les Petites Pierres
Mayaud
D 246
189
221
la Buissonnière
235
D 1
179
les Grandes Pierres
les Chargeaux
D 1
D 1
D 1
Aire de Service de St-Rambert-d'Albon Est
211
la Blache
les Groubons
Plantay
les Moutonnes
les Vials
les Granges
la Blachette
D 246
166
Rapon
211
Anneyron
le Buis
les Biéniers
D 182
D 161
les Champagnières
D 1
Saleton
Cim.
les Blains
Coussieux
les Célestins
Fondeville
Volozière
D 122
la Béraudière
les Cotons
les Marrons
les Picardes
D 1
les Percivaux
la Croze
les Jacquiers
D 301
les Eymards
les Ribaudons
Gampal
le la Tine
372
134
les Colomberts
le Moulin
les Barris
la Châtaigneraie
368
Maison La
361
360
le Télégraphe
St-Michel
353
349
les Bourgeons
D 301
D 161
Mantaille
Chapon
Ruines du Château de Mantaille
D 301
Cim.
344
D 132
Champ d'Avit
la Tour d'Albon
Cim.
les Blaches
les Teppes
St-Romain d'Albon
Commune d'Albon
les Grandes Vignes
les Petites Vignes
D 122a
les Gras
le Moulin du Temple
le Grand Moulin
200
D 132
les Gondins
les Barges
D 132
D 132
les Perrets
Croisieux
les Buis
St-Martin des Rosiers
Cim.
Côte Rousse
Barona
le Moulinet
Prat

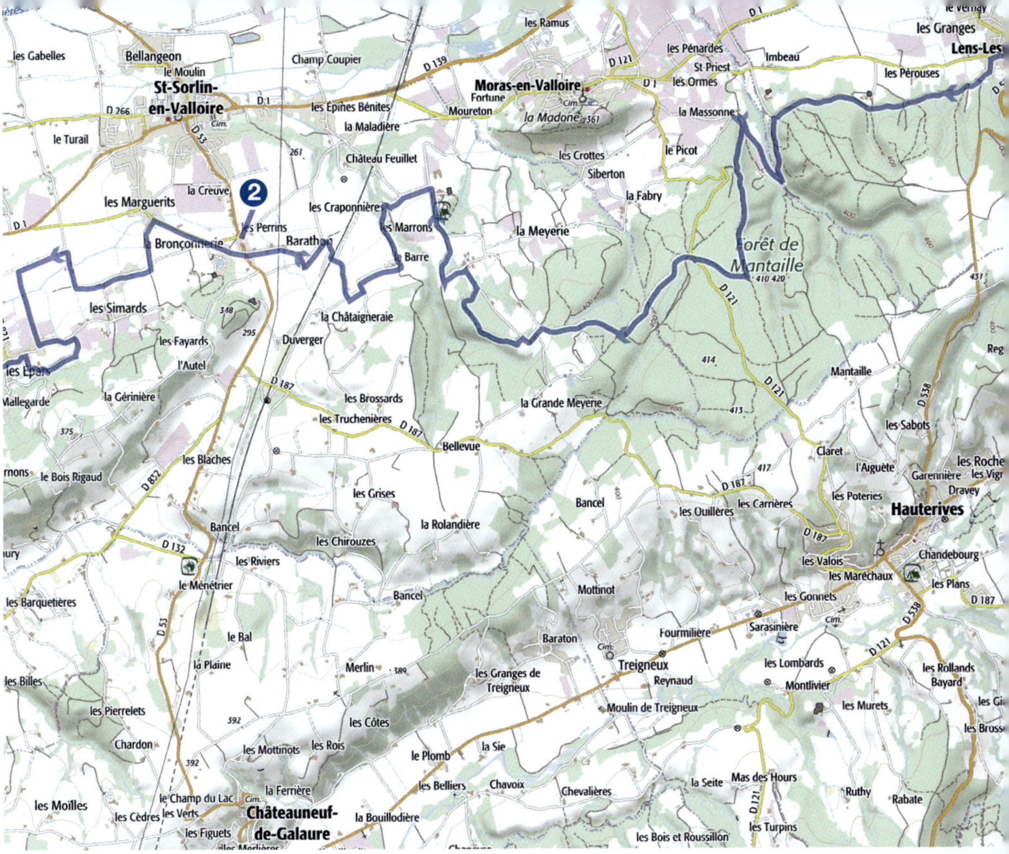
les Gabelles
Bellangeon
le Moulin
St-Sorlin-en-Valloire
Cim.
D 266
D 1
D 53
le Turail
Champ Coupier
les Épines Bénites
la Maladière
Château Feuillet
261
D 139
les Ramus
Moras-en-Valloire
Fortune
Moureton
Cim.
la Madone
361
D 121
D 1
les Pénardes
St-Priest
les Ormes
Imbeau
la Massonne
le Picot
les Crottes
Siberton
la Fabry
les Granges
Lens-Les
les Pérouses
la Creuve
les Marguerits
2
les Perrins
la Bronçonnerie
Barathon
les Craponnières
les Marrons
la Barre
la Meyerie
Forêt de Mantaille
410
420
D 121
les Simards
348
295
les Fayards
l'Autel
Duverger
la Châtaigneraie
les Epars
Mallegarde
la Gérinière
D 187
les Brossards
les Truchenières
la Grande Meyerie
414
413
Mantaille
D 121
D 538
les Sabots
Reg
375
les Bois Rigaud
D 832
les Blaches
Bellevue
les Grises
la Rolandière
Bancel
417
D 187
les Ouillères
les Carrières
Claret
l'Aiguète
Garennière
les Roche
les Vign
Dravey
les Poteries
Hauterives
Bancel
D 132
les Chirouzes
les Riviers
le Ménétrier
les Barquetières
Bancel
Mottinot
les Valois
les Maréchaux
Chandebourg
les Plans
D 187
les Gonnets
Cim.
D 53
le Bal
Baraton
Cim.
Fourmilière
Sarasinière
D 538
D 121
la Plaine
Merlin
389
les Granges de Treigneux
Treigneux
Reynaud
les Lombards
Montlivier
les Rollands
Bayard
les Billes
les Pierrelets
Moulin de Treigneux
les Murets
392
les Côtes
Chardon
392
les Mottinots
les Rois
le Plomb
la Sie
Chavoix
Chevalières
la Seite
Mas des Hours
D 121
Ruthy
Rabate
les Moilles
le Champ du Lac
Cim.
les Cèdres
les Verts
la Ferrière
Châteauneuf-de-Galaure
les Belliers
les Figuets
la Bouillodière
les Bois et Roussillon
les Turpins

V3

Distance **35 KM** D+/D- **730 M**
Durée **4H00** Difficulté **V3**

Cette dernière étape, partant d'Albon pour rejoindre Tain-l'Hermitage, est très diversifiée autant par la nature du terrain (galets, pierres, racines) que par les panoramas. Évoluant sur les crêtes vous aurez de splendides vues sur la Vallée du Rhône, les collines ardéchoises, le Mont Pilat et la Vallée de la Galaure. Quelques passages techniques en descendant sur Saint-Uze et sur Gervans sont à prévoir. Un option «guerrière» mais magnifique est décrite pour un final en apothéose.

Itinéraire

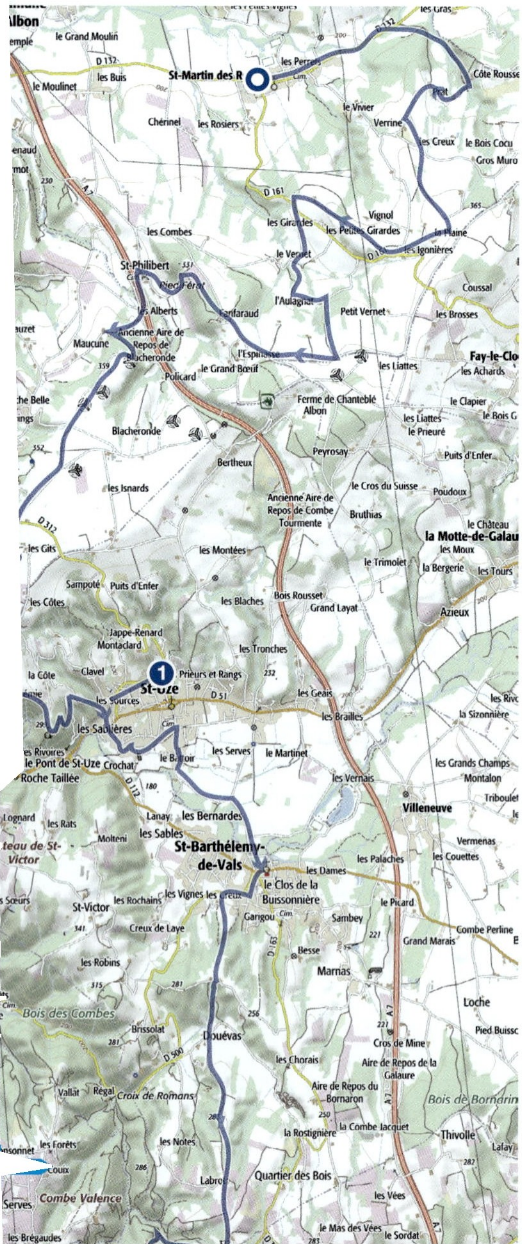

(200 m) Prendre la D132 en direction de Mantaille et rouler pendant 1 km avant de bifurquer à droite en suivant le balisage VTT (attention, il y a 2 chemins côte à côte). Grimper tout droit à travers bois et longer plusieurs habitations, successivement. Rester fidèle au marquage puis redescendre jusqu'à une petite route départementale. Partir en face par le chemin goudronné (zone de collecte) en prenant les éoliennes pour azimut. Faire un effort consistant pour se retrouver sur une petite route, quasiment au pied de l'une d'elles. Partir à droite et longer des champs sur 1 km. Dénicher un chemin à gauche d'une haie d'arbres et s'y engager. Descendre tranquillement pour rejoindre un hameau. À la croix, partir à gauche, passer sous l'autoroute A7 puis attaquer une montée assez raide, pour se retrouver sur une piste. Longer le parc éolien puis filer sur un chemin, entre les champs. Surplomber un cirque dans lequel coule la rivière Galaure et se laisser glisser dans la pente, en passant tout près d'une chapelle. Rejoindre une route et, dans le virage en épingle, basculer à droite sur un beau sentier (passage technique) et atterrir sur la route principale qui entre dans Saint-Uze.

Option "guerrière" : *De Gervans (croisement en amont), remonter dans les vignes sur une piste, par la gauche. Juste après la section bétonnée, prendre à droite. Dans l'épingle qui suit, partir sur le single de droite et commencer une pénible section de poussage du vélo pendant 15 min, en suivant le PR, pour atteindre le belvédère des Méjeans (la vue sur le Rhône est splendide). Suivre la route en restant à droite jusqu'au carrefour des Bruclas. Descendre ensuite un chemin (balisage jaune) en direction de Crozes-Hermitage. De Crozes, remonter le chemin des Pinets et continuer en suivant le PR jusqu'au belvédère de Pierre Aiguille (encore une section de poussage-portage). Du belvédère, continuer sur la piste jusqu'au carrefour des Balmes de l'Hermitage. Partir sur le sentier de gauche vers Crozes-Hermitage (section difficile, nombreuses marches). En bas, continuer à droite pour remonter et se diriger vers le sud. En haut des vignes, prendre en face et rapidement à droite, le single qui descend au milieu du coteau. Finir ce beau périple en rejoignant le Parc du Chayla, à Tain-l'Hermitage.*

(1 : 180 m - 17,8 km) Prendre à droite puis de suite à gauche en direction du stade. Suivre le balisage (tortueux entre les habitations) puis longer la rivière. Traverser le village de Saint-Barthélémy-De-Vals et continuer sur la «Rue des Roches qui dansent». Passer 2 champs qui se font face puis bifurquer à gauche, juste après une ferme. Remonter un chemin qui mènera à un zone d'habitation, dominant la vallée et entourée de prairies. Au carrefour, repérer un sentier qui file au milieu des bois et l'emprunter (il serait sympa de faire un rapide aller-retour à droite pour rejoindre le site pittoresque des «Roches qui dansent»). Continuer toujours tout droit en suivant le balisage. Juste après une maison, bifurquer à gauche et remonter un chemin goudronné qui deviendra rapidement une piste, entre champs et bois. Juste après un verger sur la droite et juste avant un croisement avec une route qui partira sur la gauche, s'engager sur le chemin de terre qui partira sur la droite. Descendre vers le lit d'un cours d'eau puis remonter, en étant insistant sur les pédales, sur le mamelon. Rejoindre une départementale et suivre le balisage, par la droite. À la sortie d'une zone d'habitations, bifurquer à gauche et plonger dans un bois. Dévaler la pente qui surplombe un ruisseau et finir au premier croisement, à l'entrée de Gervans.

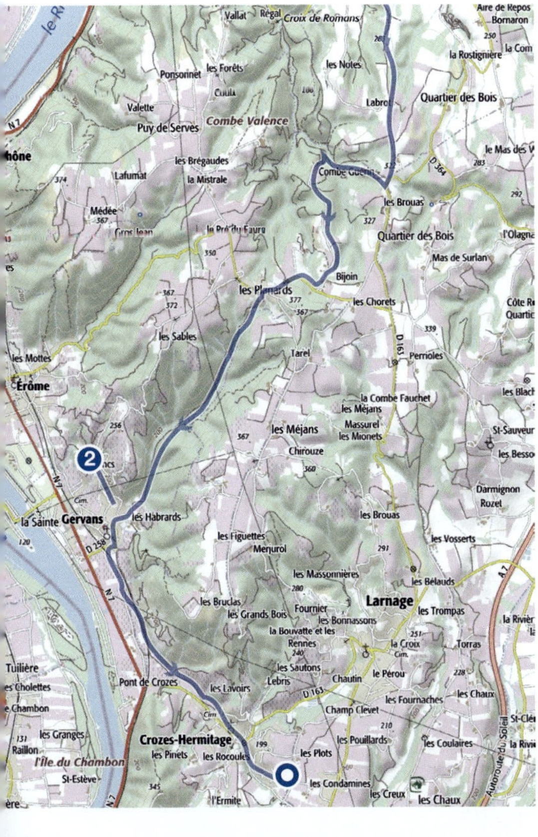

(2 : 139 m - 31 km) Traverser Gervans puis longer la voie ferrée, en toute zenitude, jusqu'à Crozes-Hermitage. Suivre le GRP et le balisage VTT spécifique jusqu'aux «Plots». De là, redescendre par le chemin emprunté au tout début de l'itinérance pour retrouver Tain-l'Hermitage.

61. TOUR DES BARONNIES J1

V4

Distance **46 KM** D+/D- **1850/1650 M**
Durée **5H30** Difficulté **V4**

Le « Grand Tour des Baronnies en Drôme provençale » est le 1er Tour de pays labellisé par la FFCT, il permet de relier les bases FFCT de Rémuzat, des Baronnies provençales, du Pays de Dieulefit et le site FFC du Val d'Eygues Pays de Nyons. Première partie de ce beau périple au départ de Nyons. Pour rejoindre Villeperdrix, il va falloir s'armer de courage et de ténacité dans les ascensions. Mais le plaisir à la descente, souvent technique, comblera les plus difficiles. L'entrée en matière de ce «Grand Tour» donnera un aperçu de ce que ce formidable territoire peut proposer comme sentiers. Qu'une envie désormais : trouver les jours nécessaires pour effectuer cet itinéraire !

Itinéraire

(278 m) Du parking de l'office de tourisme, prendre la direction de Gap en restant sur la route départementale. Juste après un tunnel, prendre à droite en direction des Rieux. 300 m plus loin, descendre à gauche par le Chemin du Crapon, en suivant les balisage VTT n°9 et 15, et longer la rivière pendant 3 km. Passer sur un pont et atteindre la D94, au niveau d'un rond-point. Prendre à gauche vers Nyons puis, après un petit pont et un parking, bifurquer à droite et grimper par le Chemin du Flachet (balisage VTT n°15). Cette partie, sur route goudronnée, permet de prendre de l'altitude tout en se mettant en jambes. Au bout de 4 km, à proximité d'une ferme, s'engager sur une piste marquée par un panneau «Sans Issue» en direction du Flachet. Appuyer sur les pédales jusqu'au col puis se faire plaisir dans la descente, avec quelques soubresauts. Dépasser une habitation et rejoindre la route goudronnée. Partir à droite sur 2 km et, juste après une maison, prendre la piste qui grimpe très fortement, sur la droite. L'ascension, épuisante, mènera au Col de Venterol. Le lieu se prêtera à une pause bien méritée. Vous entrez dans une zone de pâturage, adoptez un comportement ne gênant pas le travail des éleveurs.

(1 : 850 m - 16,4 km) De là, grimper à gauche par le sentier qui débouche sur une belle piste montant vers le sommet, en passant par «la Pousterle». À la fin de la piste, se résigner à un petit portage pour grimper au point culminant de l'itinéraire. Descendre par le single qui passe par Montagne la Croix. Retrouver le «Petit Herme» puis le «Col la Pause». Prendre à droite et passer un portail. 100 m après, à la borne, virer à droite dans la pente en suivant le balisage du GRP ainsi que le VTT n°11. Le sentier, jalonné de cairns, sera rapidement technique. Les points de vue seront nombreux. Au poteau «Adret de la Lionne», prendre un monotrace peu marqué à droite en direction des Pignes. Certains passages, durant la descente, nécessiteront un réel bagage technique. Suivre le balisage tout en continuant par une belle piste, à droite. Retrouver «Pied Pourtier» et prendre à droite le chemin qui mène à l'Auberge de Miélandre.

(2 : 620 m - 26,5 km) Suivre la route durant 700 m avant de bifurquer à droite et d'attaquer une côte, sur piste. Passer non loin d'un site d'escalade et continuer de grimper jusqu'à rejoindre une croisée de chemins, au Col de Fonturière. Prendre maintenant à droite et poursuivre l'ascension. Rester ensuite à flanc de colline tout en cheminant sur la piste, en faux-plat descendant. Atteindre un embranchement, juste avant une bergerie (produits locaux), et virer ensuite à droite sur un chemin balisé. Filer dans la pente, dépasser un carrefour de sentiers puis bifurquer rapidement à gauche. Attaquer maintenant un single en sous-bois et se faufiler entre les arbres. Retrouver, de temps à autres, le balisage VTT n°6. Ludique à souhait, ce

monotrace permet également de s'aguerrir aux notions de pilotage. Continuer de descendre, effectuer quelques sauts, chercher des appuis jusqu'à rejoindre une piste puis un chemin goudronné. Passer au milieu d'un camping et, ensuite, se laisser glisser sur la départementale jusqu'au croisement avec la D186.

(3 : 415 m - 36,6 km) Partir à gauche et se diriger vers Chaudebonne. Passer le hameau du Monestier, continuer encore 700 m et bifurquer à droite pour descendre par un chemin goudronné. Passer devant une ferme puis, au niveau d'un beau chêne, prendre à droite et grimper par la piste, un peu rocailleuse au début mais ensuite beaucoup plus roulante et ce, pendant 3 km. Durant l'ascension, il faudra parfois appuyer fortement sur les pédales et également repérer le balisage VTT n°5 lors des quelques embranchements. Dépasser un jas (bergerie) en cours de restauration (en 2016 !) puis, 500 m plus loin, bifurquer à gauche et grimper par un chemin herbeux. Filer ensuite à droite sur un sentier monotrace à travers la forêt et atteindre une large piste. Prendre maintenant à droite et se laisser glisser pour atteindre le poteau du «Col de Maruen».

(4 : 770 m - 42,7 km) Bifurquer à gauche en direction de Villeperdix en suivant le balisage. Attention, la descente qui s'ensuit va mettre les sens en émoi tellement le plaisir est au rendez-vous, durant 4 km ! Les suspensions vont être sollicitées ainsi que la concentration lors de quelques passages techniques. Faire un dernier effort dans la petite côte bien raide avant d'arriver au village de Villeperdix

Ferme du Col
la Baume
l'Ubac
les Basses Granges
le Cros des Aigues
Vautour
les Pérouses
le Frau
Plombard
Serre des Testes
Villeperd
Trente Pas
les Gandus
le Collet
les Condamines
Ferme de la Tour
Les Lichières
ne Reyssas
Tête d'Asclet
Ste-Anne
St-Ferréol
le Pouet
Serre la Baye
le Château
les Grées
le Monestier
le Vignal
la Moutonne
Serre du Partiment
Ferme du L
la Lauze
Champignol
la Grange de Fer
les Flacauts
le Grand Ubac
le Col
la Bégude
St-Ferréol-Trente-Pas
l'Échalette
Montagne de Sigala
le Marcel
Côte Bédoin
D 130
D 186
D 94
D 70

62. TOUR DES BARONNIES J2

V4-

Distance **41 KM** D+/D- **1700/1500 M**
Durée **5H00** Difficulté **V4-**

Etape très physique entre Villeperdrix et Rosans. On va entrer au sein du territoire des vautours, valsant au-dessus de nos têtes... Préparez vous à emprunter des passages aériens et des singles à flancs de collines, à contempler des plateaux calcaires, à dévaler des monotraces ludiques avec de belles portions techniques. Bienvenue sur un terrain où l'essence même de VTT est là : rouler sur des sentiers où le plaisir est omniprésent.

Itinéraire

(482 m) De la place de la mairie (lavoir), sortir du village en empruntant la route pendant 1 km environ. Au niveau d'une ligne électrique (poteaux en bois), virer à gauche et poursuivre l'ascension (borne Ferme Laget). Arriver sur une piste et suivre un balisage. Continuer tout droit en restant fidèle au tracé le plus évident, à travers un environnement clairsemé et minéral. Atteindre une départementale et la suivre, tout en admirant les couches de strates sur les plateaux calcaires environnants, pour rejoindre un pont au-dessus d'une rivière, après avoir dépasser plusieurs habitations. Repérer le poteau «Léoux» à un croisement.

Hébergement à ne pas manquer :

A ROSANS , dans les HAUTES ALPES, en bordure de la DROME, le Centre de Vacances VILLETTE PAUL BERT accueille, dans un cadre convivial, paisible et champêtre, les jambes fatiguées par une belle randonnée ! 24 gîtes de plain-pied, tout équipé, 5 couchages, terrasse plein sud, barbecues.
Contact : plvpb.com tel : 04 78 54 08 31
mail : rosans@plvpb.com
Permanences MARDI et JEUDI de 14 à 18H
14 rue St Eusèbe 69003 LYON

(1 : 775 m - 5,4 km) Du poteau «Léoux», partir en direction du Col de Pensier en suivant le balisage jaune et rouge. Longer vergers et champs d'essences méditerranéennes. Redoubler d'effort dans l'ascension qui mène au col. Souffler et respirer avant de s'engager sur le monotrace, tantôt en sous-bois, tantôt à flanc de colline. Effectuer quelques petites relances et continuer dans la pente. Dépasser une ruine (vestige d'une ancienne ferme abandonnée). Rester fidèle au balisage GRP et virer à gauche sur un chemin ravineux et caillouteux. Arriver au poteau «Ravines du Col» pour rejoindre ensuite «Saint-Véran». Suivre le balisage jaune et rouge, toujours tout droit, pour arriver finalement au-dessus d'une carrière. Peu après, au niveau d'un virage en épingle, s'engager sur un sentier face à soi, balisé GRP. Il va y avoir quelques alternances de montées et de descentes sur ce beau single, au pied de ce plateau calcaire. Finir par une belle descente, avec quelques passages où l'adhérence sera limite, et rejoindre le village de Rémuzat.

(2 : 450 m - 13,6 km) Prendre directement la D61 direction Cornillon. Rouler encore 2 km environ avant d'emprunter le chemin qui part à droite. Et c'est parti pour 6 km d'ascension non stop, sur piste roulante au milieu des bois, pour rejoindre le Col d'Enclus. Partir en face en suivant le balisage VTT n°4. Descendre la piste en restant fidèle au «Sentier Emile». Continuer sur un beau monotrace au milieu des genêts, dans un décor panoramique. Passer de belles épingles en sous-bois et se rapprocher d'une falaise, sur sentier aérien. Rester prudent (passage à pied) et dévaler à nouveau la pente en prenant du plaisir dans le pilotage. Dans le fond du vallon, quitter le «Sentier Emile» qui partira à droite et filer à gauche en suivant le balisage GRP. Dépasser une bâtisse en pierre des «Eaux et Forêts» datant de 1933 et remonter à droite pour atterrir à un carrefour de pistes. Partir complètement à gauche et grimper de façon continue pendant un peu plus de 4 km, pour rejoindre une aire de pique-nique.

(3 : 1110 m - 31,8 km) Admirer le paysage avant de repartir en direction du Col de Staton, par le GRP. Du col, partir à gauche sur un chemin assez raide à travers la prairie. Passer des cairns et continuer sur un single avant d'arriver au point culminant de l'itinéraire. Dans la descente qui s'annonce, serpenter au lieu des arbres puis repérer des balises VTT sur un chêne. Suivre le n°7 qui part à gauche sur une sente rapide et ludique à la fois. Lâcher les freins tout en maitrisant sa vitesse et continuer sur ce monotrace en plein bois. Se prendre au jeu, tout en restant prudent, et rejoindre une piste. Se laisser glisser doucement, dépasser un hameau et continuer sur un chemin goudronné pour atteindre le village de Rosans.

V3

Distance **48 KM** D+/D- **1700/1600 M**
Durée **6H00** Difficulté **V3**

Cette troisième étape, la plus roulante, reste tout de même assez physique. Les décors ne seront jamais les mêmes : marnes, plateaux calcaires, forêts de feuillus, collines arrondies, barres rocheuses, champs de lavande, allées de tilleul et plantes aromatiques se succèderont. Le patrimoine bâti méritera également une attention particulière. Vous serez dans le berceau historique des Baronnies Provençales, dans la seconde partie de l'itinéraire.

Itinéraire

(700 m) Du centre de Rosans, se laisser glisser doucement en contournant le village. Prendre le premier chemin à droite et filer le long d'un muret et d'une haie d'arbres. Continuer jusqu'à se rapprocher d'une chapelle. Couper la route départementale et suivant les balisages pédestre et VTT n°8. Rester fidèle au GR pour rejoindre une route puis virer à gauche afin de tomber à un croisement avec une départementale. Passer ensuite au-dessus de la rivière et entrer dans le hameau de l'Aubergerie. Bifurquer rapidement à gauche et longer des champs tout en se dirigeant vers une colline. Appuyer sur les pédales pour arriver au sommet puis redescendre jusqu'au petit village de Monteferrand-la-Fare. Appuyer sur les pédales pour arriver au sommet. Continuer tout droit sur une piste en suivant le balisage VTT n°7 sur 3 km jusqu'à arriver à un col.

(1 : 824m - 9km) Redescendre plein sud en surveillant le départ d'un sentier à droite au troisième virage puis l'emprunter en étant vigilant sur la descente (passage technique dans des éboulis). Arrivé en bas, le sentier saute à plusieurs reprises un ruisseau pour déboucher sur une piste puis sur une petite route. Redescendre sur quelques mètres jusqu'à un carrefour. Monter la route à gauche puis arriver à une patte d'oie et serrer encore à gauche. Continuer sur le goudron pour arriver au parking du lieu dit «les Viarrand». Prendre la piste à droite en direction de la croix de Roussieux. Arriver au poteau directionnel du «Croisement des Auches» quitter le chemin principal pour prendre à droite le petit sentier montant au «Pas de Corbière». S'ensuit une montée bien technique avec plusieurs portions de poussettes sous la majestueuse montagne de Vanige. Arriver au Pas de Corbière, suivre le GR en passant au sud de Vanige dans des marnes en direction de la Bergerie de Gifort. Descendre à gauche sur un chemin roulant, au milieu des bois. Après un virage à droite, atteindre une patte d'oie et choisir la piste de droite. Filer à travers la forêt sans pédaler, quasiment, et continuer de descendre dans un espace presque totalement dépourvu de végétation. Finir par tomber sur une route.

(2 : 753 m - 22,3 km) Prendre à droite, sur 200 m, puis s'engager sur le chemin gravillonneux qui descend sur la gauche. Continuer plein sud et sans se poser la moindre question d'orientation pour atteindre le village de Sainte-Euphémie-sur-Ouvèze. Le traverser puis filer par le «Chemin de la Villette», avec un balisage jaune. Continuer toujours tout droit, tout en longeant la rivière, et arriver au coeur du village de Saint-Auban-sur-l'Ouvèze.

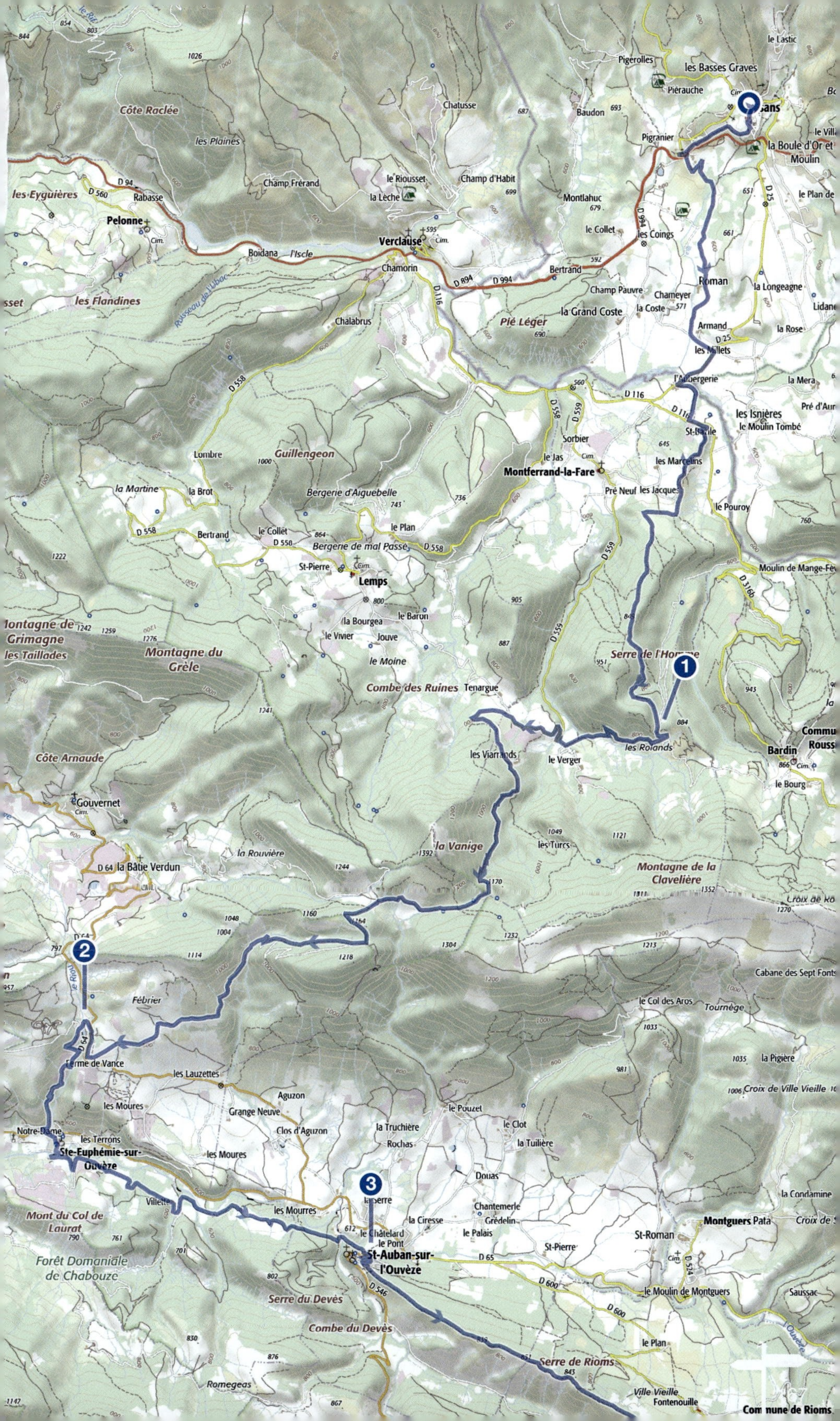
Côte Raclée
les Plaines
les Eyguières
Rabasse
Pelonne
Champ Frérand
le Riousset
Champ d'Habit
la Lèche
Verclause
Chamorin
Boidana
l'Iscle
les Flandines
Chalabrus
Chatusse
Baudon
Montlahuc
le Collet
les Coings
Bertrand
Champ Pauvre
la Grand Coste
Plé Léger
Pigerolles
les Basses Graves
Piérauche
Pigranier
la Boule d'Or et Moulin
le Lastic
Roman
Chameyer
la Coste
la Longeagne
Armand
les Millets
la Rose
l'Aubergerie
la Mera
les Isnières
le Moulin Tombé
St-Basile
les Marcelins
Sorbier
le Jas
Montferrand-la-Fare
Pré Neuf
les Jacques
le Pouroy
Moulin de Mange-Fève
Guillengeon
Lombre
la Martine
le Brot
Bergerie d'Aiguebelle
le Plan
Bertrand
le Collet
Bergerie de mal Passé
St-Pierre
Lemps
la Bourgea
le Baron
le Vivier
Jouve
le Moine
Combe des Ruines
Tenargue
Montagne de Grimagne
les Taillades
Montagne du Grèle
Serre de l'Homme
les Rolands
le Verger
les Viarrands
Bardin
le Bourg
Côte Arnaude
Gouvernet
la Rouvière
la Bâtie Verdun
la Vanige
les Turcs
Montagne de la Clavelière
Croix de Ro
Cabane des Sept Fonts
Février
le Col des Aros
Tournège
Ferme de Vance
les Lauzettes
Aguzon
Grange Neuve
Clos d'Aguzon
les Moures
la Pigière
Croix de Ville Vieille
Notre-Dame
les Terrons
Ste-Euphémie-sur-Ouvèze
les Moures
la Truchière
Rochas
le Pouzet
le Clot
la Tuilière
Douas
Chantemerle
Grèdelin
la Ciresse
le Palais
la Serre
le Châtelard
le Pont
St-Auban-sur-l'Ouvèze
Villette
les Mourres
Mont du Col de Laurat
Forêt Domaniale de Chabouze
Serre du Devès
Combe du Devès
St-Pierre
St-Roman
Montguers
le Moulin de Montguers
la Condamine
Saussac
le Plan
Serre de Rioms
Ville Vieille
Fontenouille
Romegeas
Commune de Rioms
D 94
D 560
D 894
D 994
D 116
D 558
D 559
D 550
D 25
D 316b
D 64
D 54
D 65
D 600
D 546
D 524
1
2
3

(3 : 650 m - 27,3 km) Du Monument aux Morts, prendre la direction de «Serre de Rioms». Suivre le PR et grimper sur le sommet de la colline, tout en surplombant la vallée. Filer toujours tout droit, sans se poser de question d'orientation. Atteindre une autre piste et se diriger vers une autre montagne, à travers la forêt. Poursuivre l'ascension pour tomber enfin au poteau «Col des Grenouilles». Suivre maintenant un PR et filer vers «Gresse». La descente, dans un décor forestier, mène au hameau.

(4 : 850 m - 37,2 km) Partir à gauche, dépasser le cimetière et longer prairies et champs de lavande jusqu'à rejoindre le hameau de Pelleret. On aura contourné un plateau calcaire singulier, sur lequel fût bâti l'ancien Fort de Mévouillon, siège d'une puissante baronnie il y a dix siècles. Traverser Pelleret pour rejoindre un autre hameau, celui d'Aumage, en admirant les flancs de plusieurs collines, en marnes. Continuer toujours tout droit sur une piste, dépasser la chapelle Saint-Côme et Saint-Damien pour atterrir sur la D225. Rejoindre maintenant Séderon en filant plein sud.

e Croc
l'Ubac de
Somecure
1395
l'Adret de Vers
1283
Montagne de
Bouvrège
1242
1181
1070
1112
Corin
Souach
le Jas
967
Louye
Aumage
949
Pré Long
Changar
Voluy
Combe la House
Ancien Fort de
Mévouillon
D 225
D 234
Commune de vers-
sur-Méouge
1120
Cim.
1115
1165
1167
1104
Gonson
Commune de
Mévouillon
Ancien Village de vers-
sur-Méouge
Cim.
le Plan
le Col
889
D 254b
la Farette
D 546
Pré Rond
Trisson
la Croze
la Condamine
Chauvigne
Villefranche-le-
Château
792
Gros Noyer
Grosse Grange
Morins
D 546
St-Pierre
Tophagne
Cim.
Pascal
le Rieu
827
862
le Quatre
1010
1042
Plaine de Valisque
la Julienne
Dos d'Âne
D 542
Notre-Dame de la
Brune
Crête de Serrières
Combe d'Embrunel
917
1442
1286
Montagne de
Bergiès
1364
Grandchamp
1267
1182
1155
Bais
Rivaine
la Crau
1250
Lioron
le Jas
la Mourie
Grosse Pierre

V3+

Distance **57 KM** D+/D- **1700/2100 M**
Durée **7H00** Difficulté **V3+**

De Séderon à Buis-les-Baronnies, partez sur des sentiers où les senteurs seront diverses, au mileu de plantes aromatiques et médicinales, de la lavande... Dans une nature préservée, pistes et sentiers ludiques alterneront. Les villages traversés vous donneront même l'impression que le temps s'est arrêté. Les panoramas seront toujours aussi splendides !

Itinéraire

(810 m) Du centre de Séderon, filer plein sud et, au niveau du marchand de matériaux, virer à doite et emprunter le «Chemin de Baïs». Faire environ 600 m avant de s'engager sur un chemin, à gauche. L'asecnsion qui suit, au milieu des bois, va permettre de s'échauffer rapidement. Au bout de 2 km, arriver sur une petite route, au niveau de la Croix de Baïs. Partir à droite et remonter cette route, en direction du CosmoDrôme et de la zone d'envol pour les parapentistes. Dans un virage, prendre à gauche et suivre un chemin (cailloux et ravines) jusqu'à un vallon. Le remonter et rejoindre la ligne de crête. Prendre à gauche, dépasser le poteau «la Serrière de Piberos» et continuer sur une piste jusqu'à un embranchement. Continuer tout droit, sur 500 m, avant de bifurquer à gauche. Dévaler la pente et tomber sur un large chemin. Partir à droite et contourner la colline. Plus loin, s'engager sur une piste qui part à gauche. Ça monte légèrement avant que l'on puisse se laisser glisser tranquillement jusqu'au «Col des Arles».

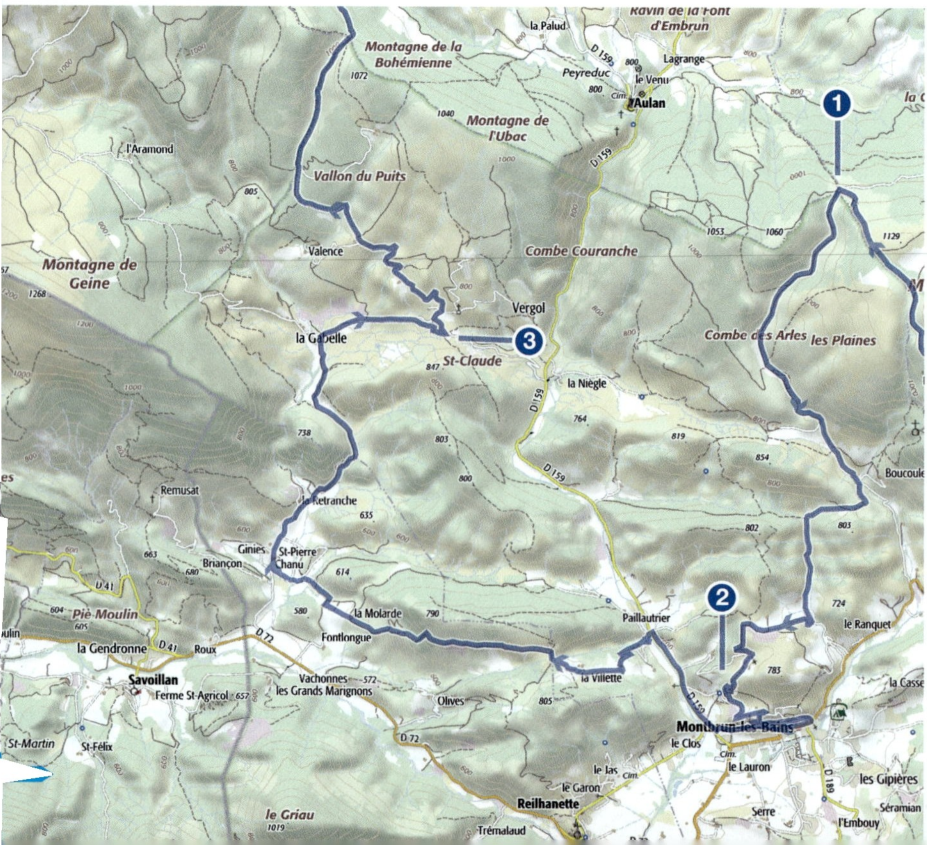

(1 : 1010 m - 11,9 km) Prendre maintenant la direction de Monbrun et filer dans la combe des Arles. Attention, ça va secouer les suspensions et les bras dans la descente. Ne se poser aucune question d'orientation, c'est toujours tout droit ! Dépasser le poteau «la Boucoule « et, à la vue d'une maison en pierre qui fait aussi office de gîte, ne pas manquer un sentier qui bifurquera à droite. Un chêne, avec un panneau indiquant la direction de Montbrun (mais dans le sens inverse de celui que l'on a pris), marque le début de ce sentier. Progresser ensuite sur ce single, en balcon, avant de retomber sur une piste. Poursuivre ensuite jusqu'au poteau «Trémol» et continuer en face, en direction de Monbrun et de la Citadelle. Passer un beau lacet et grimper doucement, entouré par de la lavande. Plus loin, au découvert, apercevoir le village de Reilhanette et les collines des Baronnies. Suivre le PR, sur sentier minéral, et atteindre une piste. Partir à gauche et, au niveau d'une belle croix en fer, bifurquer à droite et suivre le balisage jaune. Ce single devient cassant par endroit. Admirer enfin les restes du château médiéval de Montbrun puis tomber sur une petite route.

(2 : 620 m - 18,3 km) Traverser le village avant de récupérer la D159. Prendre à droite et rejoindre le pont de Vénéjean, 500 m plus loin. Enjamber le Toulourenc et filer de suite après, sur la droite. Continuer sur une belle piste et, au niveau d'une maison abandonnée, suivre le balisage rouge et blanc qui part à gauche. S'engager sur un sentier monotrace au milieu des buis et des chênes, et apercevoir des marnes, au fur et à mesure que le sentier s'élargit. Prendre de la vitesse et arriver finalement au poteau «Pierre Vortier». Suivre la piste qui part à droite et, à la route goudronnée, au niveau du poteau «Briançon», remonter à droite en direction du col de «Aiguillon Saint-Claude». Suivre fidèlement le balisage jaune et rouge (GRP) ainsi que le balisage VTT n°13. Le chemin devient de plus en plus minéral au fur et à mesure que l'on grimpe. Poursuivre l'ascension avec témérité. Ça devient ensuite plus roulant. Atteindre enfin le hameau de la Gabelle. Continuer l'ascension pendant 1 km par le chemin goudronné, au milieu d'un territoire de marnes, et finir par rejoindre un croisement, au col de «Aiguillon Saint-Claude».

Hébergement à ne pas manquer : *Le Village Vacances Léo Lagrange à Montbrun Les Bains vous accueille en gîte tout équipé pour 2 à 6 pers à partir de 46 € la nuit. Ouvert de mi-mars à mi-novembre, animations, piscine chauffée, tennis, boulodrome, salle polyvalente, bibliothèque. A l'accueil, cartes à votre disposition. Possibilité de séjours à thème pour groupes en PC. 04.75.28.89.00 ou montbrun@vacancesleolagrange.com*

(3 : 29 m - 741 km) Prendre à gauche la direction du «Col de la Bohémienne» et du «Poët-en-Percip», en suivant le GRP. La route devient piste et cette piste devient single au fur et à mesure que l'on grimpe. S'enfoncer au milieu des bois à l'approche du col. Dévaler ensuite la pente, avec quelques virages en épingles, en se fiant au balisage VTT (4 et 11). Prendre de la vitesse, en filant toujours tout droit sur un sentier minéral et ludique à souhait. Surplomber une gorge et admirer la géologie environnante. Arriver à une piste, la descendre, passer le lit d'un ruisseau et bifurquer à gauche pour atteindre une route.

(4 : 820 m - 36,3 km) Partir à droite et, juste avant un pont, bifurquer à gauche pour grimper sur un beau sentier en terre. Déboucher sur une clairière et poursuivre l'ascension au milieu des pins. Rejoindre la route. Plus loin, au poteau électrique, virer à gauche dans l'épingle et s'engager sur un sentier forestier. Apres plusieurs virages, se retrouver face au village du Poët-en-Percip. Passer devant le gîte communal (il y a un beau tilleul devant) et suivre le balisage VTT n°4 (relativement discret). Filer au pied d'une roche et continuer toujours tout droit. Après des champs de lavande, remonter par la gauche et atteindre une piste. Partir à gauche et, 300 m après, monter par le chemin gravillonneux de droite. Rester sur cette piste principale en passant devant des champs de lavande. Poursuivre l'ascension au milieu des bois, sur un single, avant d'arriver à une prairie, au poteau «Col de Sanguinet».

(5 : 1075 m - 43,7 km) Faire 100 m sur la gauche et repérer une croix jaune de PR sur la droite (qui indique la mauvaise direction !). Filer sur ce sentier, avec le balisage VTT n°4, quelque peu minéral au début. Continuer sur un parterre de feuilles, très enchanteur, et bien visualiser le sentier monotrace qui partira à gauche. Rester fidèle au balisage VTT dans ce cadre bucolique. Effectuer quelques relances avant de rejoindre les landes sauvages. Prendre la direction du sommet de la Montagne du Gravas et parcourir la ligne de crête en ayant des vues panoramiques. Rester sur la piste la plus marquée. Après un mamelon, prendre de la vitesse dans la pente et rejoindre un carrefour de pistes, sur la gauche.

(6 : 942 m - 49,5 km) Descendre cette piste quelque peu caillouteuse. Au bout d'1 km, au croisement, partir à droite. Au virage suivant, en épingle, partir en face sur un beau single et se faire plaisir tant en ludique qu'en technique. Admirer les falaises et arriver finalement au niveau de l'ancien château médiéval de la Roche-sur-le-Buis. Traverser le village et, juste après le panneau de sortie du village, bifurquer à droite et retrouver le balisage VTT. Longer des oliviers et rejoindre une piste puis descendre sur la gauche pour atterrir à la D159. Se laisser glisser pendant 1 km avant de bifurquer à gauche, sur un chemin gravillonneux, Suivre le balisage VTT n°4 et passer au-dessus d'un ruisseau. Continuer à droite puis rejoindre tranquillement la Place du Quinconce, avec ses platanes offerts par Napoléon Bonaparte pour la naissance de son fils en 1811 (Napoléon II - Roi de Rome).

V3

Distance **35 KM** D+/D- **1200/1300 M**
Durée **4H30** Difficulté **V3**

Grimper, descendre, grimper, descendre... On fait cela depuis le début mais toujours dans un territoire de toute beauté. Cette ultime étape, plus courte que les autres, réserve encore de très beaux passages. On quittera donc Buis-les-Baronnies pour Nyons afin de rejoindre des cols, filer sur de belles sentes, s'imprégner des odeurs de la lavande et des pins avant un tout dernier plongeon sur monotrace minéral, sur Nyons.

Itinéraire

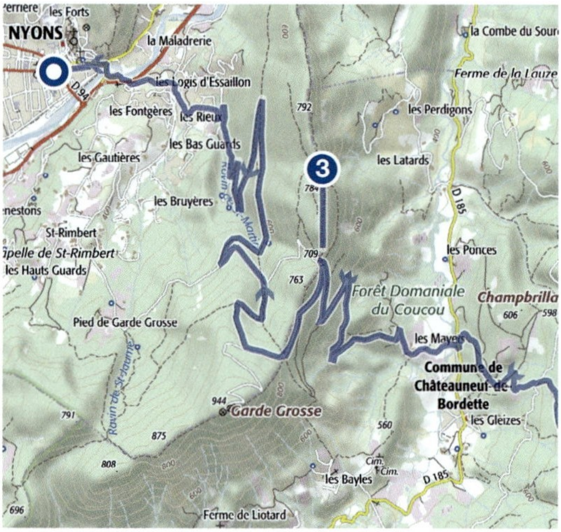

(369 m) Du centre de Buis-les-Baronnies, partir sur le boulevard Aristide Briand et, juste après un cabinet d'assurance, bifurquer à droite pour s'engager sur le «Chemin du Trésor». Faire 50 m avant de virer à droite et de poursuivre tout droit jusqu'à rejoindre le «Chemin du Canal du Moulin», qu'il faudra emprunter. À une croix, partir à droite et passer sur un pont pour rejoindre la départementale qui sort du village. Longer l'Ouvèze et, juste après le défilé et le pont, bifurquer à gauche. Suive fidèlement le balisage jaune (VTT n°2 également) tout en grimpant. Tantôt au milieu de genêts et des pins sylvestres, tantôt dans un décor minéral, poursuivre l'ascension jusqu'à rejoindre le «Col de Milmandre».

(1 : 854 m - 9 km) Admirer le panorama avant de partir en direction du «Col de Linceuil». Continuer tout droit et suivre le PR qui descend (attention, balisage multiple sur cette portion : PR, GR, GRP et VTT n°12). Faire un peu plus de 2 km et atteindre un chemin goudronné. Partir ensuite à gauche puis remonter une large chemin au milieu de la forêt et atteindre un carrefour de pistes, au «Col la Vôte». Choisir celle où il y a une barrière, et continuer de grimper. Ensuite, dans la descente, dépasser une autre barrière (assez abimée) et remonter le chemin qui partira à gauche (virage en épingle). L'ascension va se corser, après une ferme, pour rejoindre un col au sein de la forêt..

(2 : 900 m - 17,3 km) Dénicher un monotrace qui partira sur la gauche, balisé jaune. S'y engager, au milieu des pins sylvestres et des chênes, tantôt à flanc de colline, tantôt en ligne de crête. Redescendre ensuite du sommet et continuer sur un chemin. Un peu plus loin, atteindre une piste puis basculer à droite et filer plein gaz sur une sente rapide et ludique. Suivre ce single, couper une piste et rejoindre un autre sentier, avec un balisage jaune. Basculer encore dans la pente, fidèle au balisage, et rejoindre une route (D185). Du poteau PDIPR, prendre la direction des «Mayets» et continuer sur le PR vers le «Col de la Croix», par une piste qui grimpe fortement.

(3 : 709 m - 26,2 km) Suivre maintenant la route goudronnée (VTT n°14) et rejoindre un autre col. Continuer en direction de «Garde Grosse». Au bout de 300 m, au niveau de 2 pylônes au sol, basculer à droite et descendre un single ludique pour arriver à une bifurcation. Virer à droite et rejoindre une petite route. Se laisser ensuite glisser à gauche et, au premier embranchement, obliquer à doite et continuer sur un single, en pente. Surplomber Nyons à flanc de colline tout en se fiant au balisage VTT. Continuer de descendre sur un splendide monotrace. Se retrouver enfin en bas de la montagne et rejoindre le centre de la commune de Nyons, presque sans pédaler, pour mettre un terme à ce «Grand Tour des Baronnies Provençales» qui, à n'en pas douter, vous laissera de splendides souvenirs en mémoire.

APPLICATION MOBILE

La nouvelle application VTOPO est disponible sur iOS, Androïd et Windows Mobile. Vous pouvez accéder à tous le contenu des guides VTOPO (itinéraires, textes, photos) et préparer votre parcours sur fond de cartes IGN. Et bien plus encore !

Télécharger dans l'App Store

DISPONIBLE SUR Google play

Disponible sur Windows Phone Store

LES COLLECTIONS VTOPO

VTT, Cyclo, Escalade, Beaux Livres... Disponibles sur www.vtopo.fr